［あじあブックス］
068

中国のことわざ

千野明日香

大修館書店

はじめに

本書に収録したのは、中国の人々の暮らしに生きる諺（ことわざ）である。少数だが、諺のほか、故事成語、歇後語《けつごご》（しゃれことば。五二頁、八〇頁の説明を参照）、漢詩の詩句、古典の名句なども含んでいる。

こうした言葉は、日常の中で、すばやく相手に意志を伝えたい場合や、一種のうちあけ話をするときに使う場合が多い。それらが巧みに使われると、スパイスの効いた会話となる。機知やユーモアを感じて楽しくなったり、相手の心情が切々と伝わってきて忘れがたい印象を残したりする。

諺やしゃれ言葉は口伝えで作者を持たないが、故事成語、詩句、名句は作者や出典がある。両者は、来歴が異なるのである。しかし、日常で使われ、人々の気持ちを生き生きと表現することに変わりはない。

藤井乙男《おとお》『俗諺論』（一九〇六年、冨山房）に、諺の本質にふれるこんな話が載っている。

十七世紀の英国の著作家ジェームズ・ホーウェルは諺の研究に熱中し、世間で使われている諺や、先哲の格言を集めるだけでは満足せず、自ら格言五百を作り、諺として後世に伝えられるよう期待した。その中には、「Pride is a flower that grows in the devil's garden. 高慢の花は悪魔の庭に咲く」のような、やや気の利いたものもあったが、努力も空しく、ホーウェルの希望はまったく水泡に帰し、後世に伝わったものは一つとしてなかったという。

諺は、創ろうとして創れるものではない。漢詩の詩句なども、残そうとして残るわけではない。これらは、長年にわたって人々の暮らしの中に息づき、口に上ってきた結果、今に残ったのだ。

本書に収めたのは、いずれも筆者自身が実際に使われている場面を体験した諺である。書き留めた中から、心に残ったものを取り上げた。

ただ、まったく書物を使わなかったわけではない。諺は形が一つとは限らず、多くは複数のバージョンがある。なるべく多数の書物を参照し、その中から特色のある言い方をいくつか選んで付け加えた。

中国の諺は、星の数ほどあるといっていい。ここで取り上げたのは、文字通り大海の一滴にすぎない。幸い、諺や歇後語について解説した書物は数多く出版されているので、主なものを巻末のブックリストに収録した。さらに深く知りたい方は、このリストを活用していただきたい。

これらの諺を通じて、中国の人々の生活感覚や喜怒哀楽を感じ取っていただければ幸いである。

目次

七つ八つは犬さえ嫌う

——親子・家族のことわざ

女房と子ども

老婆総是別人的好、孩子是自己的好
——女房は他人のが良い。でも子どもは自分のが一番

表題の諺を初めて聞いたのは、一九九五年、北京から武漢への列車の中だった。列車の旅は暇なので、昼間は同じ二等寝台に乗りあわせた旅行者どうしおしゃべりをする。そのときは男の本性、といった話題だったと思うが、隣の席の中年女性はこの諺をいい、憤懣やるかたないといった表情で「男は移り気なんだよ。長年一緒にいる女房なんて、長所も短所もみな知りつくしているもの。よその女が新鮮に見えるのよ」とわたしに解説してくれた。

この諺は、日本流に言えば「女房と畳は新しい方が良い」と「馬鹿な子ほどかわいい」の合体したものにあたるだろうか。表題のような言い方が一般的だが、応用編とでもいうべき、同じ発想で色々な組みあわせの諺があり、それぞれにユーモラスで味わい深い。

例えば「老婆総是人家的好、文章是自己的好　女房は他人のが良い。でも文章は自分のが一番」。

これは、一九九五年、北京で九十三歳の男性の老教授から聞いた。識字率の高いとはいえない中国で、文筆にたずさわるのは当然ながら知識人層である。表題の諺も、彼らの間ではこのような形に変わるのだろう。

また、「別人的荘稼好、自己的娃娃乖　出来が良いのは他人の作物と自分の子ども」（寧夏・固原）というのもある。作物の出来が一番の関心事、というのは農民の感じ方だろう。さらに日常生活の匂いを感じさせられるのは、「別人的老婆好、自家的眠床好　良いのは他人の女房と家の寝床」などだろうか。

少し変わっているのは「自己的墓、別人的某　自分の墓と他人の女房が一番」（台湾）。自分が永眠する墓に対する関心の高さが、日本人とは異質な気がする。

それにしても、表題の諺には男の本音が素直に出ていておかしい。一人の男としてはよその女房が新鮮に見えるし、家庭の父親としては出来の悪い子がいとおしい。父親である男は、誰でもこういう気持ちを持っている。だからこそ男心に残り、色々なバリエーションを生んできたのだろう。

ところで、この諺では家の女房の分が悪いけれど、別に「醜妻拙子家中宝　醜い女房と出来の悪い子は家の宝」という言い方があることも付け加えておきたい。男だって、しょせん一人では生きていけないのだ。

三つ子の魂

三歳定八十
――三つ子の魂八十まで

表題は、人の性質や能力は、数え年で三歳にもなれば決まってしまうので、子どもの特徴を観察すれば、その子がどのような大人になるかわかるという諺である。幼い子が何か能力や個性を示すと、大人どうしでこの諺を使い、子どもの将来をあれこれ品評する。

この諺を初めて耳にしたのは、一九九八年七月、東京。身近な中国人、Rさんと話しているときだった。Rさんは中年の男性。幼年時代は広州で過ごした。四、五歳のころ、大人の酒席に相伴していたとき、酒を見て、ふと「酒逢知己千杯少、話不投機半句多　気が合わねば口もきけないもの。でも、友と酌む酒は尽きない」という諺をいった。Rさんにこの諺を教えたのは、当時、家で雇っていた乳母だった。彼女は、塾の教科書『増広賢文』で諺を覚えたのだという。

こんな知識は幼児にとってはまだ難しい。Rさんも意味がわかった上でいったわけではなかった。だが、たまたまそれは酒を勧めるときに使う、酒席にぴったりの言い回しだった。それで、まわりの大人が、「この子は文学の才能がある」と表題の諺を使ってほめてくれたという。

「僕はほめられたから良かったけれど、例えば歩き方がこそこそと落ちつかなかったりすると、この諺を使って、将来泥棒になる、と品評されたりします」と、Rさんは笑いながら教えてくれた。

表題の諺にはさまざまなバリエーションがある。その中で、「従小看大、三歳知老　ゆくすえは、三つ子の姿に表れる」が広く知られる。また、「人看幼小、馬看蹄爪　馬の出来は蹄を、人の出来は子ども時代を見よ」(湖南)などともいう。

中国では、伝統的に早期教育が盛んである。これらの諺が示すように、幼少期の能力が一生を支配すると考えられているからだ。だから、子どもが三、四歳になると、唐詩をたくさん暗誦させたりする。優れた詩は、生涯の心の糧になるだろう。これは伝統的な教育の優れたところだ。

でも、それが行きすぎて、早く老成した子どもしか評価されないとなると、晩成型の子どもは自信を失ってしまう。子どもの才能はいつどんな形で開花するかわからない。そんな子どもの成長は暖かく見守ってあげたいと思う。「梅檀《せんだん》は双葉より芳《かんば》し」とは限らないのだ。でも、晩成であるからといって大器であるとは限らない。これが人生のつらいところだ。

犬と猫

猫一天、狗一天
——良い子悪い子、子どもは日替わり

表題の諺は子どものむら気をいう。子どもはいつも聞き分けがいいとは限らない。素直で扱いやすい日もあれば、機嫌が悪くて手がかかる日もある。子どもとは元来そのようなものだから、いちいち心配したり、気に病んだりする必要はない、という意味である。

この諺を耳にしたのは、一九九九年六月。江蘇省蘇州出身の中国人女性、Yさんと話しているときだった。Yさんは保育園に通う女の子のお母さん。娘さんはまだ小さくて、ご飯をよく食べる日もあれば、ほとんど食べない日もある。また、元気に跳ね回っていたかと思えばしおれてしまったりと、気分にもむらがある。Yさんがそのことを気にして実家のお母さんに話したところ、お母さんは表題の諺を使って、心配するほどのことはないと慰めてくれたという。

興味深いのは、猫が良い子を意味し、犬が悪い子を意味する点である。中国では、犬は人間に媚《こび》

を売る卑しい動物とされる。目上の威光をかさにきて威張る人のことを「狗仗人勢　犬の威勢はご主人しだい」という。猫は媚を売らないから、犬より上等なのだ。表題の諺には、中国の伝統的な犬猫の評価が反映しているといえるだろう。

中国では、犬は鶏や豚と同じ家畜の一種である。だから食用にもされる。一九九九年四月、南京出身の中国人女性、Oさんから、子ども時代に飼っていた犬のことを聞いた。Oさんの家は市内と農村の境目にあり、最初は犬の飼育が許可されていた。ところが、一九七〇年代に方針が変わり、飼育が禁止されてしまった。ある日、お父さんの職場から人が派遣されてきて、重い鎚で犬を撲殺したという。

「かわいがっていた犬だったから、とても悲しかった」とOさんはいう。それで、「死んだ犬はどうしました」と聞くと、「家族で食べたけれど、とてもおいしかったですよ」とOさんは答えた。

「にんげんのわれを朋《とも》とし犬の愛きわまるときにわが腓嚙《こむら》む」（坪野哲久）

愛犬をいつくしむこの歌を、多くの中国人は実感しがたいのではないか。文化の違いは、目に見えない鋭い亀裂のように、日常に潜んでいる。わたしは、わたしを愛するあまり「腓嚙む」犬を食べることは永久にできそうにない。鯨を食べることには、何の抵抗も感じないけれども。

犬さえ嫌う

七歳八歳討狗嫌
——七つ八つは犬さえ嫌う

数え年で七、八歳の子どもは、わんぱくだったり反抗的だったりしてかわいげがないことが多い。表題の諺は、その憎らしさを、ユーモラスに犬さえ嫌うと表現したものだ。大人どうしで、この年齢の子どもはもともとかわいげのないものなのだと、気持ちを納得させる場合に使うことが多い。全国的によく知られた諺である。

この諺を初めて耳にしたのは、一九九五年夏、北京。ある大学の図書館の目録室でカードをめくっているときだった。昼休みだったので、部屋にいたのはわたしともう一人の男子学生だけだった。

そこへ、突然子どもが入ってきた。小学校三、四年生くらいの、太った大柄な男の子である。図書館の職員の息子なのだろう。男の子は手に細い鞭のようなものを持っており、それを振りあげて検索用のコンピュータを叩きはじめた。ぴしりと叩くたびにスクリーンセイバーの画面が乱れた。学生はすぐさまこの子に注意した。男の子はそれを無視して、さらに二度三度思い切りコンピュータを叩くと部屋から駆け出していった。実に憎たらしかった。学生は苦笑しながらわたしの方を振りむき、この諺をいった。

この諺には少しずつ違ったさまざまな言い方がある。例えば「七歳八歳惹人嫌、十一十二狗還嫌七つ八つは憎まれ盛り、十一十二は犬まで嫌う」「三歳两歳人人愛、十歳八歳狗也嫌　二歳三歳かわいい盛り、八歳十歳犬さえ嫌う」（山西）「喜三四、嫌五六、臭八九　三つ四つはかわいい盛り、五つ六つは憎まれ盛り、八つ九つ鼻つまみ」（江蘇）など。

その後もう一度、この諺を聞く機会があった。家族の団らんに加わろうとせず、むっつりと一人向こうでテレビを見ている男の子。その子の背中を眺めやりつつ、大人たちが笑いながらこの諺を使った。聞いてみると「あの年頃はあんなものだ。もう少し成長すれば自然にわけがわかってくる。そうすればちゃんとこちらへ戻ってくる」との答えだった。

その答えを聞いて、その子は幸せかもしれないと感じた。なぜなら、大人たちは「犬さえ嫌う」といいつつ、笑いながらごく自然に子どもの気持ちを尊重してやっている。これなら、きっとその子も今にバランスのとれた大人になるに違いない。わたしはそんなことを想像して、安らぎを感じたのだった。

橋の下

你是従樟樹窟窿裏爬出来的
——おまえは、クスノキのうろから生まれたんだよ

表題の句は諺ではない。大人が幼い子をからかうときに使う決まり文句である。日本の「おまえは橋の下から拾ってきた」という言い方とよく似ている。

表題の句は二〇〇一年九月、浙江省金華で、初老の男性Kさんから教わった。Kさんは習俗について の質問に答えながら楽しそうにこの句をいい、そのいわれとして、金華の地方神として祀られている邢公《けいこう》の誕生伝説を教えてくれた。

昔のこと、夕暮れどきになると、毎日町へ一人の女が食べ物を買いにきた。店の主人が怪しんで、女の着物に糸を縫いつけ、後をたどると、クスノキの生えた一つの墓に行きついた。その墓を掘ると、死んだ母親の横に一人の赤ん坊がいた。この子が後の邢公だという。

この墓は東紫岩《とうしがん》という場所にあり、クスノキの股に今も邢公を祀った小さな祠《ほこら》が置かれ、信仰を

集めている。これは、日本でもよく知られる「子育て幽霊」と同じタイプの伝説である。

伝説とともにこの句の背景にあるのが、樹木信仰である。Kさんによると、金華では、子どもが虚弱なとき、クスノキにお参りして仮の母親になってもらうと、丈夫に育つと信じられている。子どもはクスノキへたびたび参って礼をつくす。だから端午節のときなど、お礼として枝にチマキを結びつけたりする。

日本の、「橋の下から拾ってきた」という言い方も、子どもの成長を祈る習俗と関係がある。日本ではかつて、虚弱な子を仮に辻や川に捨て、人に拾ってもらってから手許に戻せば、丈夫に育つと信じられた。しかし今では、大事な子だからこそ仮に捨てるという、もとの意味は忘れられている。だから子どものころ、親に「橋の下から拾ってきた」とからかわれたとき、自分は捨て子なのかとショックだった。

日本の言い方も、子どもに親がないことを意味する表題の句も、聞かされる子どもにとっては残酷な言葉だ。でも、成り立ちからいって、これらの言葉に子どもをさげすむ意味はない。むしろ、子どもへの暖かい眼差しが感じられる。だからこそ、親から子へと長い間受け継がれてきたのだろう。

まだ信仰が息づいている金華の子どもたちは、この句でからかわれると、どんな気持ちがするのだろうか。

子を叱る

棍棒出孝子
——棍棒の下にこそ孝子が生まれる

表題の諺は全国的に使われる。子どもをまっとうに育てあげようとするなら体罰は必要不可欠。つまり全面的に体罰を肯定する諺である。

このような諺は、中国の伝統的な教育や環境から生まれたと見るべきだろう。郭沫若《かくまつじゃく》の自伝『私の幼少年時代（我的童年）』をはじめとして、中国の文学作品には、塾の先生や父親が子どもに激しい折檻を加える場面がよく出てくる。現在六十歳以上の年齢の中国人は、実際に激しい体罰を受けて育った人が多い。

時には強烈な話も聞く。身近な中国人で江蘇省出身のYさんは、彼女の母方のおじにあたる人の話をしてくれた。そのおじさんは、一九四〇年代に山西省の運城付近の県立の学堂で教育を受けた。あるとき、何をしくじったのか、先生に叱られて両手を銅の棒で打ちすえられ、指が倍ぐらいにはれあがったという。

もちろん、現在の中国の学校教育では体罰は法的に禁止されている（一九八四年、教育部弁公庁発布の通知に基づく）。しかし、過去の苛烈な教育の記憶がまだ生々しいからだろう。表題の諺は今も生活の場で使われており、さまざまな言い方がある。

例えば「棍子頭上出孝子、棒槌底下出好布　孝子は棍棒の先、上布は砧《きぬた》の下から生まれる」（浙江）や、「棒槌底下出好縄、棍子裏頭出好人　丈夫な縄は砧の下、まともな人間は棍棒から生まれる」（湖北）「黄荆条条出好人　まともな人間はイバラの鞭から生まれる」（湖北）など。

恐ろしい諺ばかり並べたが、中国の子どもも叱られて終わりというわけではない。なぜなら、折檻の後で子どもを慰める諺も数多いからだ。代表的なのが「打是親、罵是愛、不打不罵是禍害　打つのも叱るのもすべてかわいいがため。打ちも叱りもされぬのはかえって災難」。結局、どこの国でも叱られたり、慰められたりしながら、子どもは成長していくのだろう。

ところで、表題のような体罰肯定の諺が大勢を占める中で、ごく少数ではあるが、体罰を否定する諺がある。例えば「児伢越打越笨、女伢越打越賤　男児は打たれるほど馬鹿に、女児は打たれるほど卑しくなる」（湖北）。激しい体罰で傷つきゆがんだ子どもの姿が目に浮かび、いたましい気持ちがする。

父と子

上梁不正下梁歪
――上が曲がれば下もゆがむ

表題の諺は、上の梁《はり》が水平になっていないと、下の梁も必ずかしぐという意味。上司や年長者などの行いが正しくないと、部下や年下の者もそれをまねることがある。そんなとき、この諺を使って批判する。表題の形で全国的に知られる。

この諺を初めて聞いたのは、二〇〇〇年八月。上海の文学者、Aさんの家に遊びにいき、夕食をご馳走になりながら、家族の団らんに加わっているときだった。

Aさんには中等専門学校へ通う息子さんがいる。Aさん夫婦は、彼が大学へ進学することを望んだ。でも、中国の大学はまだ狭き門で、合格できなかったという。折りにふれ言い聞かせているのだろう、Aさんは息子さんに「がんばれば道は開ける。怠けていたら開けない。いずれにせよ、自分の人生は自分で責任を持つしかないんだよ」といった。それから冗談めかした口調で「軍隊で鍛えてくればいい。兵隊に行け！」と叫んだ。

すると、奥さんと息子さんの猛反撃にあった。昔は簡単に軍隊に入れた。でも、除隊後に優先的に職業が斡旋されるようになったので、失業者が町にあふれる今では、軍隊に入るのも順番待ちだという。言い負かされたAさんは苦笑いし、わたしに向かって表題の諺をいった。

Aさんは、書物が好きで文学者になった。奥さんとともに東京に滞在したときも、本屋しか行かない。奥さんが所在なげなので、周囲が気を遣って京都へ旅行に行かせた。ところが、京都でもやはり本屋しか行かなかったらしい。

自分の好きな道を選んで生きるのが一番、息子にもそうして欲しいとAさんは思っている。でも、息子さんが好きなのはテレビゲームらしい。ゲームに熱中している息子を見るといらいらするが、一方で親の育て方が甘かったのかと自分を責めたくもなる。表題の諺にはそんな気持ちがこめられているような気がする。

Aさんが席を外すと、息子さんがいたずらっぽい表情で「教子不到父之過　子を導けないのは父の過ち」とささやいた。『三国志演義』では曹操が一番好きという彼は、生意気盛りで屈託がない。

「親は子を育ててきたというけれど勝手に赤い畑のトマト」（俵万智）

中国人の思考や感じ方は日本人と異なることが多い。でも、親が子どもに焦燥感を抱いても、子どもはケロリとしているところは、我が家と瓜二つだ。

母の思い

児行千里母担憂
――旅立つ子に、母は胸ふたぐ

表題の諺は、親元を離れて学校に通ったり仕事をしたりしている人に対し、年長者が使うことが多い。親にすれば、わが子はたとえ大人になっても子どもであることに変わりはない。まめに手紙を書いたり電話をかけたりして親を安心させなさいと、この諺を使って勧めるのである。

また、子ども自身が使うこともある。遠く離れた母親から便りを受け取ったときなど、中国人はふとこの諺を口にして、母親に思いを馳せる。

この諺を初めて耳にしたのは、一九九五年四月。北京でS先生と話しているときだった。

S先生は九十歳を過ぎたある大学の老教授。四月から大学に一年間滞在する予定のわたしを、自宅に呼んでくれたのだ。S先生からは、研究の予定や家族のことをたずねられた。両親が健在だと話したら、S先生はこの諺を使い、親にはまめに手紙を書きなさいといった。その言葉には、年長者らしい心遣いが感じられた。

表題の諺にはあまりバリエーションがない。ただ、この後ろに「母行千里児不愁　よし母旅立てども、子は憂えず」の一句が加わり、対句として諧謔的に使われることがある。

吉林省出身の中年男性Yさんは、この対句になった諺は親子関係の真実をついているといって、笑いながら青年時代の話を聞かせてくれた。

文化大革命の後期、Yさんの世代の青年はみな農村へ下放した。農村での生活は厳しい。母親たちは心配し、見送りにきた駅でも憂わしげな表情をしていた。ところが、母親たちとは対照的に、Yさんたちは悲しむどころか、嬉々として農村へ旅立っていったという。その場に居合わせた人の多くが、この対句の諺を思い起こしたそうだ。

当時青年だったYさんには、母親の気持ちがわからなかった。でも、結婚して父親になった今は、よくわかるという。

「今にして知りて悲しむ父母《ちちはは》がわれにしましし その片おもひ」（窪田空穂）

子に寄せる親の思いは、どこの国でも同じなのだろう。人は成長すれば親を捨て、老いればやがて自分も子に捨てられる。それが自然の摂理なのだ。

我が子の成長を喜ぶ気持ちと、親元から離れてゆく悲しみと……この諺には、親のほろ苦い、自然な悲しみがユーモアとともにこめられているような気がする。

七光り

好男不喫分家飯、好女不穿嫁時衣
――まともな男は親の財に頼らず、まともな女は嫁入り支度を自慢しない

表題は、自立の気概を持つよう勧める諺である。親の財産は、自分の力で築きあげたものではない。だから、まともな男は親から分けられた財産に頼らないし、まともな女は実家の羽振りをひけらかさない。人は自分の才覚で運命を切り開く気概を持つべきだという意味である。

この諺は一九九六年八月、中国で仕事をしていた日本人のIさんから聞いた。Iさんは何回もこの諺を聞く機会があったという。理由を聞くと「父が高名な学者だからです」とのこと。Iさんは決して父親のことを口にしない。でも、父親の名が周囲の日本人から中国の友人に伝わることがある。そんなとき、中国の友人はきまってこの諺をいい、Iさんは自立の気概があると感心してくれるのだそうだ。「何もしないのにほめてもらえるわけだから、やはり得ですね」とIさんは笑う。

この諺は、古くは元曲に見える。現在では、各地方に少しずつ違う言い方がある。例えば「好男

不要祖業田、好女不討出嫁衣　まともな男は先祖の田畑を欲しがらず、まともな女は嫁入り道具をねだらない」（湖南）など。また、「好男勿靠上代屋　まともな男は先祖の身代に頼らない」（浙江）や、「好女不争嫁妝衣　まともな女は嫁入り道具に血道をあげない」（寧夏）などのように、一句ずつ独立して使われることもある。

中国では、親の社会的地位は直接的に子の将来に影響をおよぼす。高級幹部の子弟なら豪勢な生活を送ることができ、海外留学にも行ける。高名な作家の子弟なら、父母の研究をするためのポストがもらえる。こういう風潮に慣れた中国人にとって、Ｉさんはずいぶん気概のある人物に映るのだろう。

だが、現在の風潮はともかく、この諺には、労せずして得た財産を厭う潔癖さがにじんでいる。むしろ、これが中国人の本来の精神なのだろう。

日本語や日本の文化が好きで、日本留学が生涯の念願という中国人は少なくない。でも、八方手をつくしても、なかなか実現できない。あるとき、そんな人に「日本人が羨ましい。中国は貧乏だから、時間を金で買って自分のために使うことができないのです」といわれた。沈痛な面もちだった。親の七光りとはわたしのことだ、とそのとき思った。

親不孝

七十三、八十四、不死也是児女眼中一根刺
——七十三歳、八十四歳。生き延びてもしょせん子どもたちのやっかいもの

若いころ、「哀哀父母、生我労瘁（いたましや父母、我を生み、かくもやつれ、死にたまいしか）」という『詩経』（小雅「蓼莪《りくが》」）の一句を読み、三千年も昔の孝子の悲痛な歌の響きに心動かされたことがあった。このように、中国には年寄りを敬う長い伝統がある。しかし、そのような伝統があるからといって、中国人がみな年寄りを敬い、親孝行だというわけでもない。なぜなら、年寄りを敬わない、親不孝な諺がたくさんあるからだ。表題の諺は、中国人のHさんが「これが中国人の本音」といって教えてくれた。

この諺の七十三歳、八十四歳は、ただ単に高齢を意味するわけではない。七十三歳と八十四歳は、中国では年寄りの厄年なのだ。この年齢に、老人は他界しやすい。だが、この関門を越えて生き延びれば、また長生きできるという。「七十三、八十四、閻王不叫自己去　七十三歳、八十四歳。

閻魔さまのお呼びがなくても、自らあの世へまっしぐら」という諺もあって、この俗信は非常によく知られている。一九七六年、毛沢東が数え年八十四歳で亡くなったとき、中国の人々は一様にこの諺を思い起こし、「毛主席も八十四歳の関門を越えられなかった」とささやきあったと聞く。表題の諺は、たとえこうした年齢の関門を越えても、しょせん年寄りなどはやっかい者にすぎないといっているのだ。

年寄りが嫌われる理由の一つに、生理的な問題があるかもしれない。例えば睡眠。「人老三件宝。愛財、怕死、瞌睡少　年寄りの三つのお宝。金を惜しみ、死ぬのを恐がり、眠りが短い」。この三つはいずれもよく年寄りの特性をとらえていると思うが、なかでもおかしいのは三つめの「眠りが短い」である。年寄りは朝が早い。眠たい盛りの若者は、早朝年寄りにたたき起こされたりすると、この諺が頭に浮かぶらしい。

聞いていてつらくなるのは「養小日日鮮、供老日日厭　子育ては日一日と目新しい。年寄りの世話は日一日と嫌気がさす」や、「久病床前無孝子　長患いの病人に孝子なし」のような、ため息にも似た本音の諺である。年寄りの介護は、長引けば子どもが倒れる。どこの国でも年をとるのはつらく、寂しく、厳しいことなのだ。

家庭の悩み

家家有本難念的経
――悩みのない家はない

表題の諺を直訳すると、「どの家にも読めないお経がある」となる。読めないお経とは、解決できない悩みの喩え。一見円満そうな家庭でも、必ず何か悩みを抱えているもので、問題のない家庭など存在しないという意味である。他人の家庭を噂する場合に使う。また、自分の家庭を人に羨まれて、外からは見えない悩みもあるとうちあける場合にも使う。「家家都有本難念的経」ともいう。

表題の形と「家家都有難唱曲　どの家にも歌いこなせぬ曲がある」が全国的に知られるが、このほかにも多くのバリエーションがある。例えば「家家都有八齣戯　どの家にも八つの芝居がある」（浙江）とか、「家家有爛傘、戸戸有醜人　どの家にもボロ傘と不器量はころがっている」（湖南）など、悩みの喩えはお経や曲に限らない。また、ものに喩えないで直截に、「家家有箇没奈何　どの家にもどうにもならない悩みがある」（山西）などともいう。

表題の諺を耳にしたのは、一九九五年、北京。知り合いのT先生と話をしていて、娘と二人で暮らしている老教授の家庭が話題になったときだった。娘は離婚して実家に帰ってきたそうだが、物静かな中年女性だった。老教授も温厚で学識豊かな人格者で、わたしには仲のいい、幸せな親子に見えた。

でも、T先生によると事情が違う。老教授の娘は離婚のショックで精神に失調をきたしているのだそうだ。ふだんは平静だが、父親のもとへ女の大学院生が指導を受けに訪れると、父親を奪われるような気がするのか、精神が不安定になり、涙を流して嫌がることもあるという。

中国人は、家庭内の悩みをわりにたやすく口にする。農村などでは、夫婦げんかになると妻が隣近所の知り合いを呼んできて味方につけ、夫をとっちめたりする。地縁に助けられ、か弱いはずの女性が強い。その点では、中国の方が日本より開放的だ。「家醜不可外揚　家庭のぼろは人に見せるな」という諺もよく使われるが、話しすぎを戒めるためかもしれない。

「ぎしぎしの赤錆びて立つこの暑さ「家族」とはつね歪めるものを」（阿木津英）

どこの国でも、現実には、家族が常に幸福な共同体であるとは限らない。日本の家族が地域や親族から孤立しやすいことを思えば、開放的な中国の風土は、家族にとって救いなのかもしれない。

母なる国

児不嫌母醜、狗不嫌家貧
——醜い母でも子は慕い、貧しい家にも犬はなつく

表題の諺は全国的に使われる。自分にとってかけがえのない故郷、母国への慕情を表すときに使う。

この諺を初めて耳にしたのは、一九九五年、山西省大同市での小さな宴会の席上だった。会席者は十人ほど。外国人はわたし一人だった。遠来の客だというので、日本の事情を色々聞かれ、ついで日本の清潔さや製品の優秀さが話題となり、その場は盛りあがった。

そのとき、円卓の向かいに座っていた中年の男性が、わたしと視線を合わせながらゆっくり「児不嫌母醜」といい、この諺を知っているかとたずねた。わたしが続きをいうと、彼はうなずき、「これこそが中国人の気持ち。中国人が母国に寄せる思いなんですよ」といった。

わたしは軽い驚きを感じた。この諺は書物から覚えたが、単に家や母親への愛情を示す諺だと思

っていた。貧しい家。醜く愚かな母。でも突き放すことなどできない。むしろ愚かさも含めていとおしい母。

「生みし母もはぐくみし伯母も賢《かしこ》からず我が一生《ひとよ》恋ふる愚かな二人」（土屋文明）

わたしが理解していたのはこういう情景であった。きわめて個人的な家庭への思い。それがなぜ母国への愛に飛躍するのか、そのとき知りたいと思った。

この諺は、古く明代では「肉親を見放すことなどできはしない」という意味で使われている。つまり、本来は文字通り肉親の情の強さを表す諺だったらしい。したがって、現在のバリエーションでも肉親の情愛を表すものが見られる。例えば「母不怕崽屎臭、崽不嫌母眼瞎　我が子のしもは臭くない。盲《めしい》ても母は母」（湖南・湘西ミャオ族）。また、「子不言父過、児不嫌母醜　子は父の咎《とが》をあげつらわず〈後略〉」（湖南）など。

家族への情愛が郷土への愛着へと広がった諺もある。例えば「生処不嫌地苦、児子不嫌娘醜　貧しくとも我が故郷。醜くとも我が母」（山東）など。そうした郷土への愛着が母国愛へと拡大したのは、中国が侵略を受けたアヘン戦争以後だろう。今日では「児不嫌娘醜、民不嫌国貧　醜くとも我が母。貧しくとも我が祖国」など、はっきりと〝愛国〟の意味で使われることが多い。

諺一つにも、この百年の間、中国の経てきた苦難の歴史が影を落としているのだ。

親心

可憐天下父母心
――ありがたく、哀しきは、子を思う親心

親は子どものためならどのような苦労も厭わず、哀しくなるほどつくすという意味の諺である。表題の形で、全国的に使われる。

繰り返し耳にしたが、印象に残っているのは、二〇〇九年三月、安徽省で農民のKさんと話したときのことである。Kさんは還暦前の男性で、家の入り口の上には魔除けの鏡が掛けられていた。たずねてみると、不運な出来事が続いたから、近所の老人に勧められて掛けたという。事情を聞くと、Kさんは息子の話をした。Kさんの息子は幼いころからてんかん持ちで、近頃脳の手術を受けた。手術代と入院費用を合わせて十万元もかかったという。その結果、てんかんの発作は収まったものの、記憶障害の後遺症が出て、今は家で療養中なのだそうだ。部屋には、ミキサーが置いてあった。後遺症には果物ジュースが効くと聞いたので、半信半疑ながら、毎日ジュースを作って息子

に飲ませているという。Ｋさんはため息をつきながら表題の諺をいい、「親というのはいつも子どものことを思い、つくすものなのです」と付け加えた。年収が、一戸一万元前後の村である。どんなに負担が重くても、息子のためにできる限りのことをしようとする、Ｋさんの親心が伝わってきた。

親心とは、なぜこんなにひたむきで、哀しいのだろう。無限の愛情の背後に、子どもを失う不安が貼りついているからだろうか。子育てと恋愛は、よく似ている。「愛とは喪失への恐れである」という言葉を聞いたことがある。本来男女の仲に用いられるのだろうが、子育てにもあてはまる。

親の、「喪失への恐れ」は、子どもを持ったときから生じる。筆者にも覚えがある。出産を終え、初めて母親になったときのことだ。病院から家へ帰り、部屋で赤ん坊と向きあったら、強い不安におそわれた。赤ん坊はあまりに小さく、無力だった。ちょっとした不注意から死なせてしまうような気がして、ひたすら世話をした。自分は、「死ぬ存在」を生んでしまったという思いが、頭から離れなかった。ときどき、育児不安がこうじて、子どもを殺してしまう母親がニュースになる。母親の愚かさを責めるのはたやすいが、思い詰める気持ちは理解できる。喪失を恐れるあまり、子どもを殺して永遠に自分のものにするのだろう。ストーカーが、追いかける相手を殺す気持ちと似ているのかもしれない。

若い父親が、生まれたばかりの赤ん坊を抱いて、「これで命がつながった」というのをよく聞く。

それは、幻想にすぎない。子どものあるなしにかかわらず、人は個として生き、個として死を迎えるのだから。それでも親は、自分の死後、子どもがいることで未来に命がつながっていくと思う。子どもを失うということは、親にとって自分の未来を永遠に喪失することを意味するのだ。

換言すれば、親心とは究極の自己愛なのかもしれない。しかし、その自己愛は身を削るように痛ましい。すべては幻想にすぎないのに、つくす親も、殺す親も、同じく喪失を恐れて苦しむ。だからこそ、親心は、ありがたくもあり、哀しくもある。表題の諺は、未来への希望と不安の間で揺れる親心の憐れさを、たった七文字に凝縮している気がする。

娘時代は十八変化

——男と女のことわざ

女の笑い

女子一笑三分低
──笑う女は三文安い

一九九五年に武漢へ行ったとき、大学の宿舎で服務員の少女とおしゃべりした。十八歳だという彼女に両親と故郷のことをたずねたら、出身は四川の農村だが、もう両親とも病気で亡くなり、そのため中学を卒業してすぐ自立したと答えたので、悪いことを聞いてしまったと思った。

表題の諺は、この少女から教えてもらった。女はむやみに笑顔を見せるべきではない、というのである。彼女は亡くなった母親から折にふれて聞かされたといっていた。北京に住む女性からも、両親から同じようなしつけを受けたと聞いたことがある。身近な中国人男性で、広州出身のRさんからも、最近同じことを聞いた。特に農村でいわれるということだった。どうやら中国の女の子はこのようにしつけられるらしい。

日本では「男は度胸、女は愛敬」が基本で、笑顔は女のたしなみみたいな面がある。反対に、男は「三年片頬」、むやみに笑うなとしつけられる。中国とは正反対である。

無論中国でも、笑いそのものを否定するわけではない。「笑口常常開、財源滾滾来　笑う門には福きたる」のような、日本と共通する諺も数多い。

しかし、表題のような、日本と発想の異なる諺もたくさんある。例えば「男笑三分痴、女笑有蹊蹺　男の笑いは間抜け面、女の笑いは裏がある」（湖北）「男笑値千金、女笑害千人　男の笑いは値千金、女の笑いは害千人」（浙江）など。これらに共通するのは、笑いの否定ではなく、むやみな笑いへの警戒心である。男の笑いは軽薄に見えることもあれば、明るい人柄の良さを感じさせることもある。でも、女がむやみに笑顔を見せれば、それは男への誘惑と受け取られ、なんらかの争いが生ずるかもしれない……女の笑いは害千人、というのは、こんな意味あいを持つと思われる。

中国の女性は動作がさっそうとしている。表情もさっぱりしていて、むやみに笑わない。日本人のわたしから見ると男性のように感じられる。

「エンペラー廃れし国とEmperorいませる国と何かが違う」（道浦母都子）

本当に、日本と中国では何かが違うのだ……。そのわけは、この諺の発想とかかわりがあるかもしれない。

男の涙

丈夫有涙不軽弾
——男はみだりに泣かぬもの

表題の諺は、男は泣いてはならない、と戒める諺である。中国人の男の子は、折にふれ両親や周囲の大人たちからこの諺を聞かされ、何があってもみだりに泣かないよう教えられる。また、仕事に失敗したり、失恋したりしてくよくよしている男性に対し、周囲の友人がこの諺を使って励ますことがある。バリエーションはほとんどなく、全国的に表題の形で使われる。ただ、冒頭の「丈夫(立派な男)」の語は、意味の似た「好男児」や「好漢」と置き換えられることもある。

この諺を初めて耳にしたのは、一九九九年七月。中国人女性Yさんと話しているときだった。Yさんは来日して九年目。中学校と保育園に通う二人の息子がいる。Yさんはこの諺を挙げ、むやみに泣いてはいけない、と息子たちに教えるのだそうだ。

泣くなと教えられるのは、中国の男だけではない。日本の男も、幼時から折にふれ、泣くなと教えられる。それでも、人生のさまざまな局面で不覚にも泣いてしまう男がいることも変わらない。でも、泣いた男に対する評価は両国で異なる。

例えば、一九九八年、長野オリンピックのジャンプ団体で優勝した原田雅彦選手。表彰台での嬉し泣きは、日本人にとって不快なものではない。それどころか、長年のプレッシャーに打ち勝って名誉挽回の勝利を収めた気持ちを思いやり、泣き顔を眺めながら深い感動を覚えたのである。

ところが、中国人はそうではない。同じ場面を、感情を抑制できない男はみっともない、と思いながら見ていたようだ。男が泣くことに対し、中国人の反応は、おしなべて厳しい。

中国でも、『三国志演義』の劉備はよく涙を流す。諸葛孔明を軍師に迎える際にも、劉備はさめざめと泣いて孔明を口説き落とす。中国で友人たちと見たテレビドラマでもそうだった。ところが、劉備が泣くたび、周囲の中国人たちの間に、これだから蜀は天下を取れないのだといわんばかりの、じれったそうな雰囲気が漂うのである。

どこの国でも、程度の差はあれ、男の子は社会的に感情の抑制を強いられる。男の平均寿命が女より短いのはそのせいかもしれない。男もけっこうつらいのですね。やっぱり男の子には優しく接してあげようと思う。

娘ざかり

女大十八変
――娘時代は十八変化

少女が若い女へと成長していくとき、容姿はもとより精神にも大きな変化が生じる。その大きな変化を「十八回変わる」と形容したのがこの諺である。全国的に使われる。

この諺を初めて耳にしたのは、一九九五年、北京。友人の中年女性Zさんの同僚の家を訪ねたときのことだった。

Zさんによると、同僚の女性に赤ちゃんが生まれ、産休に入ったので職場からあずかったお金を届けにいくとのこと。行ってみると家は伝統的な四合院《しごういん》で、おじいさんも含め六、七人の大家族であった。家の人はわたしたちをにぎやかに迎えてくれた。

家族の一人に高校生ぐらいの背の高い娘がいたが、その子を見たとき、Zさんが表題の諺をいって笑いかけた。語調に「大きくなったねえ」「きれいになったねえ」というニュアンスが滲んでいた。聞いてみると、Zさんは彼女を小さい時分から知っているということだった。

妙齢の女性に対して使うことが多いからだろう。この諺には容姿の美しさをほめる二句目が付け加えられることがある。例えば「女大十八変、越変越好看〈前略〉どんどん美人になってゆく」や「女大十八変、変来変去変観音〈前略〉どんどん変わって観音さまみたいな美人になる」など。

「二十歳《はたち》とはロングヘアーをなびかせて畏れを知らぬ春のヴィーナス」(俵万智)

といったところであろうか。

しかし、容姿の美をほめるだけではない。この諺は、若さゆえの不安定さを形容するときにも使われる。一度、知り合いの中年の男の先生が、そういう意味でこの諺を使ったのを聞いたことがある。教え子のある女子学生のことだった。以前は朗らかだったのに最近元気がない、「娘時代は十八変化」というけど何かあったかな、などと先生は教え子の変化をとても心配していた。「十八変化」の中には、こんな影の部分も含まれるのだ。

若い娘は美しい。でもそれは他人から見てのこと。外見とは裏腹に、この年頃は誰しも言い知れぬすさみや自己嫌悪を心に抱いているものだ。この諺は若さを賛美するだけでなく、影の部分もちゃんと表現する。そんな懐の深さが、わたしは好きだ。

男の悪

恨小非君子、無毒不丈夫
――憎しみが弱いのは君子じゃない。
あこぎなことの一つもできなければ男じゃない

表題の諺には、いくつかの異なった言い方がある。例えば「量小非君子、無毒不丈夫　度量が小さいのは君子じゃない〈後略〉」などである。また、「有恨非君子、無毒不丈夫　人を憎むのは君子じゃない〈後略〉」など、前半の意味が表題の諺と反対のものもある。実際には、後半の「無毒不丈夫」のみが独立して使われることが一番多いようだ。

中国で暮らしていても、平穏な生活を送る限り、耳にすることはまずない諺だが、映画や小説の中ではよく出会う。例えば、つぎのような場面。男が窮地に追いこまれる。生き残るには犯罪すれすれの手を使うしかない。でも、それはあまりに悪らつで危険な手段なのだ。その手を使うべきか否か、男は迷い、踏み出せない。すると味方の女が叫ぶ。「無毒不丈夫。幹嗎不幹！（危ない橋を渡れないなんて男じゃない。やるんだよ！）」

いわば「そそのかしの諺」とでもいうのだろうか。この諺は、ためらっている男が悪らつな男に変身する、その一瞬の決断を促す言葉としてよく使われる。

この諺は、古くは元曲に現れる。例えば、馬致遠の『漢宮秋』にもある。ヒロインの王昭君は漢の元帝の女官に召されるが、容姿に自信があったので役人に賄賂を渡さない。役人はそれを逆恨みし、昭君の一生をだいなしにしてやろうとたくらむ。まさにこのとき、役人の心に浮かんだのはこの諺「恨小非君子、無毒不丈夫」であった。その結果、醜い姿に描かれた王昭君は匈奴に送られ、運命は暗転する。

ところで、この「無毒不丈夫」という諺には、なぜ人に危ない橋を渡らせる力があるのだろう。世の中にあこぎな心を少しも持たない人はいない。ただ人は普通、それを恥じ、心に秘しているものだ。しかし、食うか食われるかの岐路に立たされた場合、人はやはりわが身がかわいい。できたら損は人に押しつけたい。この諺は、人のそんな心の動きをむしろ評価する。万やむを得ない場合には、それが許されるという考え方だ。人が清濁あわせ呑んで決断したなどというとき、「濁」を持ちあわせていることの方が重要なのと同じである。こういう心理には国境がないらしい。人の心の本音がのぞいているのが、おぞましくも興味深くも感じられる。

一途な女

痴心女子負心漢
——一途な女、裏切る男

表題は男に捨てられた女を慰める諺で、男より女の方が一途で情が深い、というのがもとの意味である。男が心変わりして妻や恋人を捨てたとき、この諺を用いて男の薄情さを慨嘆し、女に同情の気持ちを表す。

この諺を初めて耳にしたのは、一九九五年、北京。滞在していた大学の招待所に中国人の女子学生Yさんが遊びにきて、同級生の話をしたときだった。

Yさんの同級生は、上級生の恋人がいて、結婚の約束をしていた。彼は卒業して就職したが、勤め先で新しい恋人ができてしまった。ふられた彼女はひどく落ちこんでいるという。親友なのだろう。Yさんは憤慨した口調でこの諺を使った。

でも、恋愛では、Yさん自身も問題を抱えていた。留学生の恋人がいるけれど、外国人とつきあっていることを学校側に知られると、教員から交際をやめるように説得されるので、秘密にしているということだった。ご法度を犯しているという意味では飛んだ女の子である。ひょうきんな性格だったが、恋愛が彼女を大人にしたのだろう。恋人や人生に対する考え方は真摯で純情だった。

恋愛で、男女の違いを表す諺としては「男子痴一時迷、女子痴没薬医　男の恋は一時の病。女の恋は不治の病」「只有痴心女子、没有痴心漢　一途な女はいても、一途な男はいない」がある。恋愛に対し、一途な女が多いのは確かだ。でも、男だって恋愛に対しては一途だし、真摯な感情を持っている。ただ、成就しない場合は、周囲の反応が異なる。女の失恋は同情されるが、男はからかわれる。だから、思いは内向する。最近、恋愛を諦めたばかりの中国人の男性と話をしたら、彼はふと「人間は何のために生きて、死んでいくのでしょう」と漏らした。「きみ想ふゆゑにわれあり」で、以前よりずいぶん内省的になっていた。

「風ゆゑに旗ははためく愛ゆゑにヒトは人めく樹は萌えわたる」（都筑正史）

恋は人生の一大事だ。男も女も恋愛を通じて深く自己を見つめ、成長するという点では同じなのだろう。

年上の女房

女大三、抱金磚
——三つ年上の女房なら、金のれんがが抱ける

中国では、年上の女房、つまり姉さん女房と年下の夫の割合が、日本よりもはるかに高い。近代化が大陸よりも進んでいる台湾でも同じだと、台湾の男の友人がいっていた。そういえば、この友人の婚約者は三歳年上のキャリアウーマンだった。

表題の諺は、北京市郊外の平谷県で初めて聞いた。教えてくれたのは農家の中年の男性だったが、「なぜ年上の女性の方がいいのですか」とたずねたら、「家の仕事をするのも、子どもを育てるのも、年上の女の方がしっかりしているから」と答えてくれた。

このような社会通念が強いせいだろうか。中国では年上の女房に関する諺が豊富である。例えば「女大一、好夫妻、女大三、抱金磚　一つ年上の女房なら夫婦はうまくいく〈後略〉」（湖北）や、「女大一、没米喫、女大二、銀銭広、女大三、抱金磚、女大五、賽老母　一つ年上の女房

なら食う米もなくなる。二つ年上なら金《かね》がたまる。〈中略〉五つ年上なら、年取った母親と変わらない」（寧夏）など。

この二つでは、一つ年上の女房に対する評価が異なっているが、一つ年上の女房については別に、「妻大一歳、好活一輩　一つ年上の女房なら一生安泰」（山西）などがあり、やはり年上への評価が高い。

年上の女房に関する諺は、明代の小説『金瓶梅』にも「妻大両、黄金日々長、妻大三、黄金積如山　二つ年上の女房なら金《かね》が毎日ふえ、三つ年上なら山のようにたまる」というのがある。これも表題と同じ発想で、年上の女房に対する前向きの評価は、昔からのようだ。

ところで、年上の女房をほめる諺が多い一方、反対にこれをけなす諺も同じように多い。例えば「男大三、金銀山、女大三、屋背坍　三つ年上の亭主なら金銀の山。三つ年上の女房なら家はめちゃめちゃ」「寧可男大七、不可女大一　一つ年上の女房より、七つ年上の亭主の方がまし」「妻大一歳如同媽、夫大一歳易治家　一つ年上の女房は母親と同じ。一つ年上の亭主なら家がうまく治まる」（湖北）など。

女が年上の場合、必要以上に夫につくさなければならないと思いこんでいることが多い。無言のプレッシャーを感じるのだろうか。年上の女房も決して楽ではないようだ。

美しい人

情人眼裏出西施
――惚れた目で見りゃ醜女《しこめ》も西施《せいし》

表題の諺の西施は、春秋時代、越王勾践《こうせん》が敵国の呉王夫差《ふさ》を骨抜きにするため与えた美女。中国美人の代名詞である。

容姿が整った、エリートの男性がいたとして、その恋人が不美人であったり、ステータスが劣っていたりすると、周囲がこの諺を使い、その男性は恋に目がくらんで相手の女性の欠点が見えなくなっているのだと噂する。

この諺を初めて耳にしたのは、一九八〇年八月、初めて中国へ旅行したときのこと。二十代後半で、文化大革命中は紅衛兵だったというガイドのTさんからだった。「男才女貌　男は才能、女は容貌」が口癖のTさんは、弟の恋人が不美人なので気に入らない、とぼやきながら、この諺を付け加えた。「Tさんの奥さんはきっと美人でしょう」と聞いてみたら、きっぱりと「すごい不美人です」と答えたので、なんだかおかしかった。派手な布地を買いこみ、「奥さんへのお土産」と照れ笑いしていたTさんを思い出す。

この諺は、古くは、宋代の呉曾《ごそう》の随筆『能改斎漫録《のうかいさいまんろく》』に「情人眼裏有西施」と見える。現在は、表題の形で広く使われるが、地方によって少しずつ違う言い方がある。例えば「別看臉上有塊疤、情人眼裏是朶花　顔のあばたも、恋する者の目には花」（河北）「情人眼裏出貂蟬　惚れた目で見りゃ醜女も貂蟬《ちょうせん》」（河北）など。貂蟬は『三国志演義』に登場する美人である。また、違う言い方で同じ意味を表すものもある。例えば「只要心中愛、冇怕是猪八戒　愛さえあれば、猪八戒でも苦にならぬ」（湖南）など。『西遊記』の猪八戒は、男女を問わず、ユーモラスな語感で、醜い容貌の代表選手としてよくひきあいに出される。

この諺は、日本の「あばたもえくぼ」とは少し違う。「あばたもえくぼ」は男女どちらにも使うが、この諺は女性の条件が劣る場合に使うことの方が多い。

ただ、この諺にしろ「あばたもえくぼ」にしろ、人の価値観が多様であることをよく表している。他人に不釣りあいだとけなされようと、当の男性は相手の女性にかけがえのない美を見いだしているのだ。うわべの美しさに惑わされずに、恋ができる男性はすてきだと思う。女の側も、がんばりがいがあるではないか。

忍従

嫁鶏随鶏、嫁狗随狗
――鶏《とり》に嫁げば鶏に従い、犬に嫁げば犬に従え

表題は女の忍従を説く諺である。妻たるもの、夫にどんなに不満があろうとも耐え忍ぶべきだという意味で、説教に使われることが多い。全国的によく知られた諺である。

この諺を耳にしたのは、一九九八年十二月。南京から来日したYさんと話しているときだった。Yさんは二人の男の子のお母さん。夫は日本の会社で技術者として働いている。

二人は仲の良い夫婦だが、それなりの苦労もあるようだ。例えば、Yさんは日本で職を得て自立したいと願っている。でも、息子たちがまだ小さいこともあり、夫は彼女が働くことに賛成してくれない。家事にもあまり協力的ではない。「でも、中国に里帰りして母に夫の愚痴をこぼしても無駄なんですよ。がまんしなさいといわれるだけ」。Yさんはお母さんの説教の口調をまねてこの諺をいい、苦笑した。

この諺はさまざまなバリエーションがある。例えば「嫁鶏随鶏、嫁狗随狗、嫁給狐狸満山走〈前略〉狐に嫁げばともに野山を駆けめぐれ」(湖北)のように、意味を強めるため三句目が加わることがある。また、相手は鶏や犬など動物に限らない。「嫁給扁担跟着走、嫁給柴火跟着焚　天秤棒に嫁げばその後を歩き、まきに嫁げばいっしょに燃えよ」(湖北)のように物の場合もある。また、相手が人間の場合もある。「嫁官員当娘子、嫁屠夫翻腸子　役人に嫁げば奥様暮らし、肉屋に嫁げば臓物の始末」(浙江)。職業は役人や教師、乞食、泥棒、大工、肉屋、鍛冶屋と実にさまざまである。社会の色々な階層の母親が、代々娘に因果を含めてきたからだろう。

ところで、この諺は説教に使われるだけではない。女性が自分自身の意志を貫き通す場合にも使われる。例えば、映画で貧しい恋人との結婚に反対された女性が、どんなに苦労しても彼についていきたいと必死で周囲を説得する場面など。そんな場面で使われるとき、この諺はあの封建的な押しつけがましさから一転し、今度は悲しいくらい一途な思いを表現する。

本当に切実な思いは言葉につくせないものだ。でも、この諺は利己を捨てた女の必死な思いを一瞬で伝えてしまう。映画でこの諺を聞くたびに、そんなことを思う。

夫婦のきずな

夫妻本是同林鳥
――夫婦はしょせん他人の寄り添い

表題の諺は、夫婦のきずなのもろさをいう。夫婦はもともと他人が結びついたもの。だから、大事が起きればまるで林の鳥が飛び立って離ればなれになるように、たやすく別れが訪れる、という意味である。

この諺は、古くは明代の小説集『醒世恒言《せいせいこうげん》』『警世通言《けいせいつうげん》』に見える。二書には「夫妻本是同林鳥、大限来時各自飛　〈前略〉縁が尽きれば離ればなれ」「夫妻本是同林鳥、巴到天明各自飛　〈前略〉夜が明ければ離ればなれ」とある。

前半は「夫妻好比同林鳥　夫婦は同じ林に住む鳥のよう」「山中有鳥同林栖　同じ山の林の鳥」、後半は「大難来時各自飛　災難が降りかかれば離ればなれ」など、いくつかの少しずつ違った言い方がある。現在では、表題のように前半の句のみで使われることが多い。

蘇州出身の三十代の女性、Yさんからこんな話を聞いた。Yさんの知り合いに、文化大革命当時、北京で軍の病院の医師をしていた女性がいた。彼女の夫も同じ病院の医師で、二人の子もおり、仲の良い夫婦だったという。しかし、その女性が劉少奇を擁護する発言をしたため反革命分子として蘇州の工場へ送られると、夫は職場の同僚たちから迫られ離婚に同意してしまった。その後、彼女は独身を通し、一人で子どもを育てあげた。夫は別の人と再婚したという。しかし、彼女は夫を忘れたわけではない。「二人はあんなに幸せだったのに」と、彼女はため息まじりに、そうYさんに話したという。Yさんは彼女からその話を聞いたとき、つらくなって思わずこの諺が口から出たといっていた。

ただ、この諺の意味を、単に運命に翻弄される夫婦の悲劇ととらえるのは浅いかもしれない。その背景にあるのは、父系社会の男尊女卑の酷烈さである。

広州出身の中年男性Rさんは「妻子如衣服　妻は衣服のようなもの」という諺を教えてくれた。妻はしょせん他人。衣服と同じく取り換えがきく。中国の伝統的な考え方では、夫は妻より血縁者のほうが大事だというのだ。

こんな諺もある。「男嫌女、一張紙、女嫌男、除非死　夫が妻を嫌えば三行半《みくだりはん》一枚。妻が夫を嫌えば死ぬほかない」。理不尽な仕打ちを受けても、女たちは自分自身に因果を含めて生きてきたのだ。表題の諺には、そんな女たちの諦めがこめられている。

悲しい歌

女愁哭、男愁唱
——悲しい女は泣き、悲しい男は歌う

表題の諺は一九九五年に初めて聞いた。当時、わたしは北京のある大学に留学し、学内の宿舎に住んでいた。一度、宿舎の隣の部屋に住む男性のことで、中国文学科の女性教授に愚痴ったことがある。この男性は夜になると低い声で歌を歌うのだ。「嬉しい事でもあるんでしょうけど、でも耳についてしまってよく眠れません」というと、彼女は「その人、悩み事でもあるんじゃないの」といって、この諺を教えてくれた。

悩みがあるから歌を歌う……まさかこのような答が返ってくるとは思わなかったので、わたしは軽いとまどいを感じ、その後繰り返しその言葉の持つ意味を考えることになった。

帰国後、身近な中国人に聞くと、この諺を知っている人は半分くらい。だから非常によく知られた諺とはいえない。だが、この諺を知っている人の出身は国の南北を問わない。その意味で一応全

国的な諺といえようか。ただ、どちらかというと知識人の知る諺のようだ。悩みがあるから歌を歌う……この考え方は古くからある。漢代の歌謡に「悲歌可以当泣、遠望可以当帰（悲しい歌は涙のかわり、遠く見やるは帰郷のかわり）」（『楽府《がふ》詩集』「悲歌 古辞」）と見える。他郷をさすらう男の望郷の歌である。心の悲しみと歌の関係がよく表されている。

漢代はともかく、現在の男性はどうだろうか。そう思って中国人の女性、Sさんに「悩みがあるとき、あなたのお父さんならどうしますか」とたずねてみた。

Sさんは「例えば、家族に思いもよらぬ不幸がふりかかったり、子どもが学校を落第したりしたとき、父はお酒でまぎらわすかもしれない。そうでなければ友人の家へ行き、杜甫の悲しい詩を吟唱するとかして、うさを晴らすのではないかと思います」と答えてくれた。今も詩はこんな形で歌われるのだ。

こんな諺がある。「山歌本是前人留、留給後人解憂愁　山歌《さんか》は昔の人の贈り物。みんなの愁いを癒すため」（湖南）「酒能消愁、歌能解悶　酒は愁いを消し、歌は心を癒す」（湖南・トン族）。

唐詩などすべて詩歌は、単に優れた表現によって古典になったのではない。現に生きて悩む人の心を支えて歌い継がれ、今に残ったのだ。

中年

人到四十五、正是出山虎
――四十五歳は男（女）ざかり

中年とはどのような年代であろう。もう若くはない。でも、まだ年老いてもいない。人生で初めて老いを意識する年代のせいであろう、中年に関する諺はどこか物悲しい。例えば「人到三十五、半截入了土　三十五歳にもなれば、棺桶に片足をつっこんだようなものだ」。これは全国的に使われるようだが、年齢は必ずしも三十五歳とは限らず、二十五歳から五十歳あたりまで、さまざまである。それにしても、平均年齢の延びた日本から見ると、二十五歳や三十五歳で人生の終末を思いやるのは、少し早すぎはしないかとは思うけれど。

物悲しいといえば、「中年人怕失家　中年者は妻に先立たれるのを恐れる」などもそうである。ある程度の年齢に達してから軌道が狂うと、その後の人生はなかなか修正がきかないのだ。これは死別ではなくて離婚のようだけれど、大阪の眼科医で歌人の寒川猫持氏は、中年になって共住みする人を失ったつらさをこんな歌に詠んだ。

「嫁さんに来てくれるならキツネでもツルでも夏目雅子さんでも」

こんな中で、表題の諺は異色の元気さである。湖北省の丹江口の言い方であるが、北京から来た知り合いの女性、Hさんからは「四十五、下山虎」、江蘇省から来たやはり女性のYさんからは「四十五、出山虎」ともいうと教えられた。身近な中国人にたずねたら、この諺を知っている人は半分くらいだった。年齢はさまざまだが、全体としては表題にした四十五歳が多い。

この諺の使われ方や含意は奥が深い。Hさんによると、この諺は「もう年だ」と年齢をかこつ中年の、主として男性に向かって「人生はまだまだこれから」と励ますときに使うという。つまり中年男性への応援歌である。

一方、Yさんの説はひと味違う。Yさんにこの諺の意味を聞いたら、彼女はちょっと微妙な表情を見せ「これは性的な意味あいがあるんですよ」という。つまり「三十如狼、四十如虎、五十賽箇金銭豹　三十歳は狼、四十歳は虎、五十歳は豹より壮《さか》ん」という女性の性欲に関する諺と意味あいが同じとのこと。「農民などはこの手の諺が大好き。新婚時代はよくからかわれました」と、今は一児の母である彼女は笑う。そんな意味で使われることもあるとは露知らず、意表を突かれて驚いた。けれども、おおらかで異性にも興味津々という中国の女性像が浮かんで来て楽しくなり、わたしもいっしょに笑ってしまった。

不倫

小葱拌豆腐——一清二白
——葱を散らした冷や奴——清、（青、）廉潔白、

表題の句は諺ではなく、歇後語《けつごご》、つまりしゃれ言葉である。本意は後ろの句にあり、前の句はそれを引き出す役割を持つ。例えば、大阪のしゃれ言葉「姉《ねえ》のふんどし——くいこむだけ（＝損をする）」などと同じである。

表題の前の句は、葱のみじん切りと塩を冷たい豆腐に和えてまぜた料理、つまり中国版冷や奴を指す。葱の青と、塩・豆腐の白で「一青二白」。「青」と「清」が同音なので、一にも二にも清廉潔白という意味と掛けている。全国的に使われる。

この句を耳にしたのは、二〇〇〇年七月、学会で青海省西寧へ行き、レストランで昼食をとっているときだった。十人ほどいたテーブルでは、わたしを除く全員が演劇や舞台関係者の男性だった。そのうち、数人が声を低めて、共通の知人の噂話を始めた。それは、なんと不倫の話だった。

その知人はかねてから愛人がおり、知らないのは妻だけだったらしい。ところが最近妻が気づき、泣いたり怒ったりの大騒動になったという。中の一人が隣の男性に「おまえもあの同僚の彼女と何かあるのじゃないか」というと、その人は笑いながら表題の句をいった。

わたしは、少し驚いた気持ちでそれを聞いていた。こういう話は、普通人前ではしないものだ。そのとき、別の一人が少し強い口調でたしなめた。「そんな話はやめておけ。外国から来た客人もいるのに、失礼じゃないか」。すると、噂話をしていた一人が、「婉曲にいっているからわからないよ」と言い訳した。やはり後ろめたかったのだろう。

でも、礼儀上の問題とは別に、わたしは嫌な気がした。眼前の男性とその人がどういう関係かはわからない。いずれにせよ尊重されていないのは確かだ。表題の句とともに持ち出された女の人は気の毒だ。この句には、話題の対象を豆腐のような惣菜と並べて少し見下すような含みがある。

以前、中国で、とても仲の良い男女の研究者と知り合った。「彼女とはどういう関係ですか」とたずねたわたしに、彼は一瞬言葉につまり「とても良い友人です」と答えた。後で二人が愛人同士であるのを知って驚いたが、そのときには表題の句を聞いたときのような不快感はなかった。いろいろ問題を抱えているにせよ、彼女が大切な人だということが感じ取れたからだろう。

三人寄れば、無責任

——人間関係をめぐることわざ

心の揺れ

近水楼台先得月
——得をするのはまずまわり

表題は詩句から転じた諺で、全国的に使われる。利権を握る者の周囲が優先的に余得にあずかることをいう。コネを利用して得した場合、「うまくいった」と喜んで使う。また、コネの乱用を客観的に批判するときにも使う。

この句にはこんな来歴がある。北宋の范仲淹《はんちゅうえん》の軍が杭州に駐屯していたとき、部下の兵の多くが彼の推薦でより条件の良いポストについた。ところが巡検の蘇麟《そりん》という男だけは推薦を受けられなかった。思いあまった蘇麟は范仲淹に詩を献じる。范仲淹は詩の中の「近水楼台先得月、向陽花木易逢春（月が映る池のほとりの高殿は、誰よりも早く月の美を味わえる。日当たりが良ければ、花や木も早く芽ぶく）」という二句を目に止め、機知に感じて彼にも便宜を図ったという（北宋・兪文豹《ゆぶんひょう》『清夜録』『唾玉集』）。

いうまでもなく、月とは利権を握る者、高殿とはそういう人物の取り巻きの比喩である。権力者に対し、部下が婉曲に便宜を図るようねだったのだ。

この来歴が事実かどうかはわからない。ただ、上掲書から見る限り、この句は北宋の時代には現在と同じ意味で広く使われていたらしい。

中国で暮らすと、この句がなぜ千年も命脈を保ってきたのか実感できる。北京の知り合いが、普通は入手しにくい列車の切符が親戚が駅に勤めているため簡単に手に入るといい、明るく表題の句を付け加えたことがある。

その後、北京駅に切符を買いにいき、こんな標語を見つけて納得した。「職員は切符で私腹を肥やしてはならない。個人で切符を転売してはならない」と記した金属板が、切符売り場の窓口の向かいの壁に貼ってある。違反を通報できるよう、北京鉄道局の電話番号も記されていた。

中国での生活は常に心の揺れをともなう。規則より個別的な人間関係が優先し、関係いかんで物の値段も、人の待遇も変わる社会にとまどいを覚えるのだ。

日本でなら、料金さえ支払えば誰でも一定のサービスを受けることができる。人間関係はその分希薄かもしれない。でも、中国で生活するとそんな日本社会の冷たさが無性に恋しくなることがあった。

人まかせ

三箇和尚没水喫
——三人寄れば、無責任

表題は、大勢で仕事をすると、とかく無責任に流れて、きちんとした仕事ができないと説く諺である。

この諺は、本来「一箇和尚挑水喫、両箇和尚擡水喫、三箇和尚没水喫　坊さん一人で水二桶。二人になれば水一桶。三人寄れば汲みもせず」の三句から成る。坊さん一人なら、苦労しても天秤棒で水を二桶運ぶ。坊さんが二人なら、まだ協力して一桶を運ぶ。でも、三人だと人まかせになって、誰も水汲みに行かなくなり、結局飲み水がなくなってしまうという意味である。人数と桶の数で、無責任体制へ陥る過程を、うまく寓意的に表している。普通は前の二句が省略され、三句目のみで使われる。

この諺を初めて耳にしたのは、一九九五年十一月。江西省上饒《じょうじょう》で開かれた国際学会に出席したときだった。学会のスタッフの一人に、三十代半ばの男性がおり、参加者の世話でいつも慌しく走り回っていた。夕方、宿舎のホールのソファに腰掛けていたら、彼が隣で他の人と打ち合わせをしながら、しきりと困ったような声を出している。詳しい事情はよくわからなかったが、当直の人が必要なのに、みんな人まかせで、誰も引き受け手がないらしい。このとき、男性は表題の諺をいってため息をついた。「大変ですね」とねぎらったら、彼は「中国人より外国人の方が協力的かもしれないですね」と冗談まじりにいい、にやりと笑った。

この諺はバリエーションが多い。例えば、水を汲むのは坊さんとは限らず、「一箇娘婦挑水喫、両箇娘婦擡水喫、三箇娘婦屙尿喫　嫁一人なら水二桶。二人になれば水一桶。三人寄れば小便だけ」（湖北）などともいう。また、水も飲み水とは限らない。例えば「一箇和尚守庵堂、両箇和尚喝面湯、三箇和尚焼庵堂　坊さん一人なら水汲み万全寺も安泰、二人なら手洗い水を飲むようになり、三人なら水もなく寺は丸焼け」（湖南）など。このほかにも、表現は異なるが、同じ意味を表す諺がたくさんある。

中国人は、一人なら有能なのに、団結して事にあたるのが苦手だとよくいわれる。文学者魯迅は、知人の曹聚仁《そうしゅじん》に宛てた手紙の中で「中国人の悪い癖」としてこの諺を挙げている。

勝手にやらせておくとばらばらになる。だから、毛沢東の個人崇拝、雷鋒《らいほう》など英雄的な人物の学習……こういうのが必要なのかなぁ。

三人寄れば

三箇臭皮匠、頂箇諸葛亮
——へぼな靴屋も、三人寄れば諸葛孔明

表題の諺は、日本の「三人寄れば文殊の知恵」にあたる。どんなに優れていても、人一人の能力など知れたもの。みんなで知恵を出しあうことの大切さを説く諺である。本来この諺はもっと長く、全部で三句から成る。例えば、山西省では「一箇巧皮匠、没有好鞋様。両箇笨皮匠、做事好商量。三箇臭皮匠、合箇諸葛亮　腕利きの靴屋も一人では良い靴型ができない。下手な靴屋も二人なら知恵を出しあえる〈後略〉」という。現在では短く、三句目が独立して使われる。

この諺には少しずつ違う、色々な言い方がある。例えば「三箇泥瓦匠、頂箇諸葛亮　左官屋も三人寄れば諸葛孔明」（山西）のように、靴屋以外のさまざまな人々が顔を出す。顔ぶれは大工（小木匠）、馬丁（車馬匠）、おかみさん（老婆娘）など。

また、比べられる知恵者も諸葛孔明一人に限らない。例えば「三箇蛮木匠、賽過活魯班　へぼな

大工も、三人寄れば魯班《ろはん》にまさる」（湖南）など。魯班は春秋時代の魯の人で、本名は公輸班《こうしゅはん》。飛行できる鳶《とび》を作り、それに乗って自在に空を飛んだという伝説的な大工である。この言い方をするのは大工であろう。

この諺について、北京から来た女性、Kさんが思い出話を聞かせてくれた。

Kさんは一九五六年生まれ。文化大革命が始まったのは小学三年生のときであった。父は大学の幹部で走資派のレッテルを貼られたため、家庭は破壊される。彼女自身は農村に下放するはずが、病気で北京に留まり、一九七六年にクレーンを作る粗末な町工場に配属された。

当時、工場労働者は最も社会的地位が高かった。Kさんは、階級敵として思想改造のため工場に送られたわけである。ところが予想に反し、Kさんたち知識青年は暖かく迎えられた。工場長や現場主任は、識字運動でやっと読み書きと計算を覚えた田舎の人たちで、工場の改善についてよく意見を求められた。「へぼな靴屋も、三人寄れば諸葛孔明。みんなで考えよう。あなたたちもどんどん意見を出しなさい」。この諺はいつもこんなふうに使われた。おかげで堅苦しくなりがちな場がふとなごんだという。

真の知恵は知識の多寡と関係がない。支えあう人の心が知恵を生み、つらく単調な日常を生き抜く力を与えてくれるのだろう。この諺からそんなことを思った。

いさかい

一隻碗不響、両隻碗丁当
――一人ではけんかにならない

表題の諺は全国的に知られる。茶碗は一個だけなら音を出さない、二つがふれあって、はじめて鳴るというのがもとの意味だ。それが、けんかを売られても買わなければいい、結局けんかは売る方も買う方も両方悪いのだ、という意味で使われる。いさかいの仲裁に入った人が双方をなだめるとき、また、他人のいさかいをはたから眺めて批評するときにいう。日本の諺では「喧嘩両成敗」にあたるだろうか。

表題の諺には、同じ発想の似た言い方がある。「一箇銭不響、両箇銭丁当　コイン一つなら鳴らない。二つあってはじめて鳴る」「一箇巴掌拍不響　片手では音が出ない」など。後者はことに広く使われる。

表題の諺を初めて聞いたのは、一九九五年。あるとき、女の大学院生と話していたら、彼女は研究室内の人間関係について話してくれた。どうやら先生方は全員仲が悪いらしい。その中でも群を抜いて仲の悪い二人の教授について、彼女は「同行是冤家　同業者は敵」という諺で形容し、最後に表題の諺でしめくくった。嘆かわしい、といった表情だった。

当時、中国の大学では教職員、学生はすべて学内に住んでいた。どんなに関係のねじれた相手がいても、逃げることはできない。一生目と鼻の先で暮らさねばならない。そんなストレスに満ちた生活とともに、この諺は使われていたような気がする。

子どもどうしのいさかいを諫めるときにも、表題の諺は使われる。学内の芝生ではよく子どもが遊んでいる。時に、玩具の取りあいなどでけんかを始めた幼児に向かい、大人が鋭い口調でこの諺をいうのを見た。とりあえずこの諺を投げかけ、引き分けにしてしまう、という印象であった。日本でなら、なぜけんかになったのかを聞き、非のある方を謝らせせようとするだろう。しかし、中国では謝るのを見なかった。日本と中国の子育ての流儀の違いが、この諺に表れているのかもしれない。

誰しも気の合わぬ人間はいるものだ。しかし、中国の人間関係の複雑さは日本と比較にならぬほど深刻な気がする。その原因を聞いたとき、多くの中国人が挙げたのは、文化大革命や一九八九年の天安門事件などの相次ぐ政治事件だった。現代史の事件は年表に書きこまれるだけではない。同時代の人々の日々の暮らしに影を落としつづけている。そんなことを考えさせられた。

泥縄

臨時抱仏脚
——苦しいときの神頼み

表題の諺は、前に一句を加え「平時不焼香、臨時抱仏脚　お供え一つせぬくせに、苦しいときは神頼み」ともいう。ふだんは不信心でお参りもしないのに、困ったときだけ仏の足にすがり、慈悲を乞うという意味である。日頃のつきあいのない人から急に頼られたときなどに、その泥縄式を揶揄して使う。また、誰の世話になるかわからないのだから、つきあいは大切にせねばならないと諭すときにも使う。

この諺を初めて耳にしたのは、二〇〇一年六月。中国人のTさんと話しているときだった。最近Tさんは中国語の速成学習の個人教授を頼みこまれたという。知り合いの日本人の、そのまた友人の夫が、突然中国へ転勤が決まった。ところが、同行する奥さんは中国語がまったくできない。出発まで二か月しかないが、買い物のしかたなど生活に必要な会話を教えてほしいというのだ。Tさんは表題の諺をいって、おかしそうに笑った。

この諺と似た意味の諺としては、「現用人現交　役に立つからおつきあい」がある。仕事の上で、相手との長期的な人間関係を重視する中国では、このような流儀が最も嫌われる。

しかし、こうした泥縄式がいけないのは人に頼ろうとするからだ。自分で何とかするなら、困るのは本人ひとりだ。これに似た諺には「臨上轎、現扎耳朶眼　輿入れの日に耳輪の穴開け」などがある。成語では「臨渇掘井　のどが渇いて井戸を掘る」がよく使われる。歇後語では「臨陣磨槍――不快也光　出陣の触れに槍をみがく――なまくらでも光るだけまし」ともいうように、いずれも泥縄でもやらないよりましだという気持ちがこめられている。

こうした表現を見ると、わたしは心が慰められる。小学生のころ、夏休み最後の日の就寝前に、図工の自由制作をやり残したことに気づいた。ふだんすぐ怒る父も、こういうときは妙に優しくなる。一家が総動員され、赤い千代紙を貼った状差しが夜中に完成した。

ところが翌日登校したら、自由制作は希望者だけ提出すればよかった。帰宅して、わたしはそのことを家族にいえなかった。その状差しはまだ実家に残っており、今でも見るたびにやましい気持ちになる。

きっとわたしのように、お世辞にも出来がいいとはいえないが、泥縄でもやることはやらなければならないと思っている人が、中国にもたくさんいるのだろう。

裏切り

有奶便是娘
——乳を飲ませる女なら、誰でも母

表題の句は、うまい汁を吸わせてくれる人なら誰にでも付く、無節操な人間を罵ったり、人に裏切りをそそのかしたりするときに使われる。また、都合の良い方へ寝返ろうとする人間が自分で使うこともある。

即物的な表現だけに、意味はわかりやすく、野卑で庶民的なユーモアが感じられる。その意味で、この句は諺というより、俗語と呼ぶほうがふさわしい。バリエーションはほとんどなく、全国的に表題の形で使われる。

裏切りという特殊な場面で使われる言い回しなので、中国で暮らしていても、日常の中でこの句を耳にする機会はまずない。でも、小説や映画の中ではよく見かける。

例えば、文化大革命の影響を受けた中年以上の世代なら、当時の革命現代模範劇『沙家浜《シャーチアパン》』で、おなじみだという人が多い。

国民党系の土匪《どひ》軍の頭目が、武器弾薬の供与を条件に、日本軍と結託する劇の山場。部下がそそのかすこの一言で、頭目は裏切りを決意する。

中年の中国人男性、Yさんは、この場面のせりふを、実に流暢に聞かせてくれた。文革当時は娯楽といえばこれら革命現代模範劇しかなかったので、せりふを自然と覚えてしまったのだそうだ。

身近な日本映画にもこの句は出てくる。例えば、一九九七年封切りの映画『不夜城』がそうだ。金城武の扮する主人公・劉健一は、台湾人と日本人の混血児。凄腕の故買屋《こばいや》で、新宿歌舞伎町のならず者の間を泳ぎ回っている。その劉健一を、上海のならず者のボスが、この句とともに「『三国志演義』の呂布《りょふ》みたいな奴」と罵るのである。

『三国志演義』の呂布は、中国人にとって、節操のない裏切り者の代表格だ。それにもかかわらず、呂布の印象はそれほど陰惨ではない。なぜなら、裏切りを繰り返しながらも、一方では美女の貂蝉《ちょうせん》にころりとだまされたりする。この単純さが実にかわいい。そして、このかわいさは、表題の句の、どこか愛敬のある表現と共通する。長期的な展望を欠いた、深謀遠慮とは無縁の人生……それは誰の乳でも無心に飲む嬰児と似ている。

真に恐ろしいのは、裏切り者ではない。日々まっとうそうに生きる人々の深謀遠慮なのだ。

旅

路遇不是伴
――見知らぬ人と連れ立つな

中国の旅の諺には、厳しいものが多い。表題は、危険だから、旅の途中で軽々しく見知らぬ人と連れにならないよう戒める諺である。

この諺を初めて耳にしたのは、一九九五年夏、北京から山西省に向かう列車の中だった。いっしょに旅行していた女子学生のRさんが、こんな話をしてくれた。

数年前、夏休みで北京から郷里に帰省した女子学生がいた。たまたま列車で乗りあわせた中年女性が親切で、学生は彼女をすっかり信用した。この女性は学生に、自分の家は近いから是非寄っていくよう勧めた。学生が列車を降りると、車が待っていたが、それに乗ると女は運転手とともに学生を押さえつけ、目隠しをして納屋に監禁した。その後、学生は農家の嫁に売りとばされた。両親に発見されとき、娘はやつれはて、かつての大学生らしい面影は消えていた。

休暇の前後、列車は帰省の学生で満杯になる。車中で、学生たちは色々な話をして盛りあがる。この話も、Rさんが春節で帰省した際、車中で他校の学生から実話として聞いたのだそうだ。

ところが、家へ帰ったら、郷里のお母さんも職場で聞いたといって娘に同じ話をした。この話は実話ではなく、噂話だったのだろう。

休みが終わり、大学へ戻るRさんを駅まで送ってきたお母さんは、別れ際、「知らない人についていかないようにね」と叫びながら手を振ったという。これを聞いて、子どものころ、暗くなるまで遊んでいたら、親に「曲馬団に売られて酢を飲まされ、背骨を柔らかくして曲芸をやらされる」と脅かされたのを思い出した。

中国の経済発展は近年著しい。でも、貧富の差が拡大した結果、女性や子どもの人身売買が横行している。Rさんの話にも、そんな背景があるのだろう。「害人之心不可有、防人之心不可無　人を害するな。人に害せられるな」という諺もある。自分の身は自分で守るしかないのだ。

でも、良き出会いや語らいはかけがえがない。こんな厳しい風土だからこそ、旅立つ親しい人と別れを惜しんでいう諺「別時容易見時難　別れはやすく会うは難し」が心に沁みる。友と人生を共有できるのは、ほんのいっときだ。別れのときが来れば、人はみな思い出を胸に、人生の新たな路程へと踏み出していく。

別れ

送君千里、終有一別
——千里見送ろうとも、最後に別れが訪れる

表題の諺は、遠方から訪れた友人や親戚を見送るときに使う。反対に、客側が見送りの労を気遣って使うこともある。どんなに遠くまで見送っても、最後には別れが訪れる。言葉を換えれば、この諺は、名残は尽きないけれどここでさようなら、という意味であり、この諺が出たところが別れの場となる。全国的に知られた諺である。バリエーションはほとんどなく、表題の形で使われる。

この諺を初めて耳にしたのは、一九九五年十一月。浙江省R市の長距離バス発着所である。時間は早朝の五時。わたしはこのとき三週間近い調査旅行を終え、杭州経由で北京の宿舎に帰ろうとしていた。北京までは千数百キロ。この地の活動につきそってくれた研究者のTさんが、わたしを見送ってくれた。

発着所の片隅は簡易食堂になっており、これからバスで出発する人々が黙々と朝食をかきこんで

いる。Tさんとわたしも、その中に混じって食事をとった。薄暗い中で、火にかけられた大鍋や客の碗から、もうもうと湯気がたちこめている。ここから杭州まで約九時間。途中で食べるようにと、Tさんは水と軽食を渡してくれた。出発の時間が来るとTさんは元気よく立ち上がり、この諺とともにさよならをいった。そしてバスに乗りこんだわたしに大きく手を振ってくれた。

中学生のころだったと思う。友人に「どんなことにも必ずあるもの、なーに？」というなぞなぞを出されたことがある。考えたけれどわからなかった。聞いてみると、友人は「始めと終わり」と答えた。数十年の年月を経て、中年になった今も折にふれ、この対話を思い出す。確かに、あらゆることに始めと終わりがある。物語にも、人生にも。

表題の諺を聞いたときにも、この対話を思い出した。この諺は別れの性質を冷静に見すえている。だから、あるところできっぱりと名残を断ち切る潔さがある。ただ、その潔さにはどこか悲しみが漂う。人生には胸をしめつけられるような別れが誰にもある。でも、心のどこかでそれを断ち切って生きていくのだ。おびただしく繰り返される別れ……それらが積み重なって、この諺を生んだのだろう。

食後の散歩は長寿の秘訣

——知恵とユーモアのことわざ

夕飯の後

飯後百歩走、能活九十九
——食後の散歩は長寿の秘訣

表題は、食後の運動を勧める諺である。ただ、食後とはいっても、もっぱら夕飯後の運動を指す。地域や年齢を問わず、全国的に使われる。

表題の諺を初めて耳にしたのは、一九九五年春。当時、わたしは北京に留学して、大学の宿舎に住んでいた。ある日の夕刻、切れた電球を取り替えるため、顔見知りの服務員の少女が部屋に入ってきた。用を済ませて部屋を出ていくとき、少女はベッドに寝ころがって雑誌を見ているわたしにこの諺をいい、「夕飯後はちょっと散歩したほうがいいですよ」と付け加えた。家族と離れて一人暮らしをしていたわたしには、こんなさりげない一言が嬉しかった。けれど違和感も感じた。日本では食後の運動をあまり勧めない。食後は消化を助けるため、むしろ少し静かにしていたほうがいいと考える。「食後すぐに寝ると牛になる」というのは、すぐ寝ると行儀が悪いという意味である。

日本式のほうが楽なのだ。怠け者のわたしは結局散歩に行かなかった。

この諺には色々なバリエーションがある。例えば「飯後百歩走、気死小薬舗　食後の散歩は薬屋泣かせ」（河北）や「飯後一百歩、当過人参補　食後の散歩は高麗人参の効き目にまさる」（広東）など。また、もっとストレートに「飯後不動、必定生病　食後運動しないと必ず病気になる」（寧夏）ともいう。

帰国後、久しぶりにこの諺を聞いた。中国人の女性、Yさんと話していて、「来日して何か文化的な違和感はなかったですか」とたずねたときである。Yさんはこの諺を挙げ、「夕飯の後、散歩をしようとして外へ出たら、誰もいなくてショックでした」といった。そして「寂しくて散歩はやめてしまいました。でも、なんだか物足りなくて、今は夕飯の後、散歩がわりにテレビの前で足踏みをしています」と苦笑した。なんだか寂しそうだった。

「ふと思ふ／ふるさとにゐて日毎《ひごと》聴きし雀の鳴くを／三年《みとせ》聴かざり」（石川啄木）

故郷を離れた寂しさは、さりげない日常に潜んでいるのだ。今、日本にはずいぶんたくさんの外国人が暮らしている。彼らは異文化の中で日々どのような寂しさを抱えているのだろうか。

不断の努力

一口喫不成箇胖子
――一口にして太鼓腹はならず

表題は、物事を成しとげるためには、地道な積み重ねが大切だと説く諺である。一口食べただけで相撲取のように太ることはできない。太りたいなら、気長にせっせと食べなさい、というのがもとの意味だ。

この諺は「一口喫成箇胖子　一口食べればもう太鼓腹」という形でも使われる。この場合、後に必ず、そんなことは不可能だという言葉が添えられる。また、「胖子不是一口喫的　太鼓腹は一口にしてならず」ともいう。いずれも、全国的によく知られる。

この諺を初めて耳にしたのは、一九九五年夏、北京。留学先の大学の女子学生Tさんと顔を合わせたときだった。互いに言葉を教えあうのを条件に、週一回、部屋に来てもらうことにしたのだ。

Tさんは日本語専攻。勉強熱心で、積極的に日本人と接し、日本語の力をつけるように努めていた。「わたしはもう年だけれど、Tさんは若いから、日本語もすぐ上達しますよ」といったら、Tさんは慰め顔でこの諺をいい、「細水長流罷（気長にやりましょう）」と付け加えた。

太った人に対して、中国人は日本人よりも好感を示す。赤ちゃんや老人、中年以上の男女は、少し太めの方が見よいとされる。大陸でも有名な香港の俳優、サモ・ハン・キンポー（洪金宝）などは、太った人気者の代表であろう。

また、久しぶりに会った友人に対する挨拶言葉「発福了（福々しくなりましたね）」は、「幸せそうですね」という意味を含む社交辞令である。太っていることは、幸せの象徴なのだ。表題の諺にも、そんな意識が反映しているようだ

ところがその一方で、若い女性の痩身願望は、日本と大差ない。身近な中国人の男性Rさんによると、そうした傾向が顕著になったのは一九九〇年代初頭からだそうだ。生活水準が上がり、肥満児や生活習慣病が社会問題になってから、太めのイメージが低下し、女性の間にダイエットがはやるようになったという。

「縁の下の力持ち」という諺は、もともとは、縁の下で相撲を取っても誰も見てくれないから無駄だ、という意味だったらしい。諺の意味は、決して不変ではない。価値観が変化すれば、意味も劇的に変化する。太めの価値観が変質する中で、表題の諺も、そのうち思いもよらぬ意味に変わっていくのかもしれない。

後始末

喫不了兜着走
——自分がしでかしたことは自分で始末せよ

表題の諺は、もとは、食べきれないなら、くるんで持って帰りなさいという意味である。「兜」は、くるむ意味で、布や紙でくるむときにも使う。だが、この諺の場合は、着ている上着の裾などをたくしあげて袋状にし、その中に物を入れる動作を指す。服の裾に物を包んで持ち帰るのだ。これが、人の機嫌を損ねたり、事が起きたりしてお手あげになっても、自分がしでかしたことは、自分でしまつせねばならない、という意味へ転じる。

もとの意味も、転じた意味も、全国的に使われる。バリエーションはほとんどない。

表題の諺は、一九九五年、山西省の原平で聞いた。訪問先で、もてなしに、小型の青い林檎がたくさん出てきた。そのとき、近所に住んでいるという、親戚の小学生の男の子が遊びにきていた。その子が帰るとき、机の上には、まだ林檎が残っていた。奥さんが表題の諺をいうと、その子は林檎を裾に包み、嬉しそうに帰っていった。

服の裾で物を運ぶ習慣は日本にはない。だから、このとき、とても珍しく感じた。そして、表題の使い方にも得心がいった。これはもとの意味での使われ方である。

抽象的に転じた使い方については、直接その場に居あわせたことがない。人を責めたり、なじったりするときに使う、深刻な諺だからだろう。

だが、小説や映画ではよく見かける。古くは、明代の小説『金瓶梅』第十三回にも見える。主人公の西門慶《せいもんけい》が、隣家のご亭主を廓《くるわ》に足止めして泊まらせ、そのすきに妻の李瓶児《りへいじ》をものにする。翌朝、西門慶の浮気に気づいた第五夫人の潘金蓮《はんきんれん》は、おそるおそる帰宅した亭主を激しくとっちめる。この場面で、表題の諺が効果的に使われている。

言葉と文化は、切りはなせない。この諺も、実際に使われる場面に出会うまでは理解できなかった。現在は英語を学ぶのが主流だが、もしも将来、世界の公用語が英語だけになってしまったら、恐ろしい。それぞれの言語に、それぞれの文化や発想があり得るという、そのことがわからなくなるからだ。裾で物を包む動作は、いかにも中国らしい味わいがあって、初めて見たとき、新鮮に感じた。英語だけになってしまったら、そんな体験はなくなるのだ。

手前味噌

王婆売瓜――自売自誇
――瓜売りの瓜自慢――どんな瓜でも甘い瓜

表題の句は、瓜売りの王婆《ワン》さんが売り物の瓜の甘さを自慢して売る、という意味である。自慢話をする人に向かって、聞き手が「手前味噌じゃないの?」と切り返すときに使う。また、自分の仕事の成果を語るときなどに、多少の謙遜をこめて使うこともある。瓜売りの名は、表題の王婆さんが広く知られるが、「老王《ラオワン》(王さん)」ということもある。

ところで、この句は正確に言えば、諺ではなく歇後語《けつごご》に分類される。歇後語は一種のしゃれ言葉で、本意は後ろの句にあり、前の句は後ろの句を引き出すためにある。日本にも似たような言い回しがたくさんある。例えば、大阪でいう「赤児《ややこ》のしょんべん、ややこしい」などがそうだ。諺と歇後語は成り立ちが違うのだ。でも、表題の言い回しを、知り合いの中国人はみな諺と見なしていた。一番好きな諺として挙げた人もいた。諺にしろ歇後語にしろ、日常いちいち区別して使っているわけではないのだろう。

一九九九年六月、中国人のRさん夫妻と話しているとき、この言い回しを聞いた。夫妻は来日して十年。それまで住んでいたアパートが手狭になり、新しいマンションへ引っ越したばかりだった。目隠しのため、玄関に手作りの新しい暖簾が掛けてある。これはRさんの作だという。とても丁寧に縫ってある。思わずほめると、Rさんは「ミシン掛けがプロ並みでしょう。僕は模範亭主です」といばった。すると奥さんが陽気にこの句をいって「これぐらい誰でもできるわよ」と切り返した。とても楽しい雰囲気だった。

Rさんによると、およそ瓜類ほどあたりはずれが激しい果物はないという。ところが、中国で瓜類は切り売りではなく、まるごとで売っていることの方が多いので、あたればいいが、はずれると目もあてられない。「おいしいよ」と勧められて買って帰り、いざ食べてみるとまったく甘みがなかったり、中が割れて水気が足りないことがある。「瓜売りの瓜自慢はまったくあてになりません」とRさんは笑った。

この句は末尾の「瓜（guā）」と「誇（kuā）」が韻を踏んでいるため、リズミカルで楽しい。自慢話を切り返すといっても、相手を傷つけるどぎつさはない。自分に使っても、いたずらに謙遜するわけではない。ただちょっぴり話の場がなごむのだ。潤滑油のような言葉。そういうほど良さが、わたしには快い。

年寄りの知恵

不聴老人言、喫虧在眼前
――年寄りのいうことを聞かねば、見る間に損をする

表題は、年寄りの意見を尊重するよう勧める諺である。年寄りは人生経験が豊富だから、総じて判断に誤りが少ない。迷ったときは年寄りの意見に従うべきであり、逆らえば失敗するという意味である。

この諺には、多くのバリエーションがある。例えば「不聴老人言、必定売祖田〈前略〉必ず田畑を売るはめになる」（広東省）「不聴老人言、必定受飢寒〈前略〉必ず落ちぶれる」など、二句目が変化する場合が多い。これらの中で、表題の諺が、最もよく知られる。

この諺を初めて耳にしたのは、一九九五年、山西省。中国人の女子学生Rさん、男子学生K君と旅行したときだった。

二泊した宿舎の食堂でのことである。最初、K君は、朝食を少し多めに頼もうとした。メニュー

が饅頭《マントウ》とキャベツの漬物など数品しかなかったので、足りないと思ったのである。でも、Rさんが反対したので、K君は頼まなかった。結局、Rさんの意見は正しかった。朝食は品数が少ないかわりに、一品の量が多かった。それ以上注文したら、無駄になっただろう。このときRさんが、同年輩のK君にこの諺を使った。

それを聞いたとき、とてもユーモラスに感じ、同時に少し驚いた。書物で見る限り、この諺は年寄りが若い者を諭すときに使うのだと思っていた。もちろん、そういう場合も使われるだろう。でも、やはり自分が正しかったと自慢するときには、若い人でも、同年輩どうしでも、気軽に使うのである。

中国人は、年齢や世代差によって人間関係の上下を表現することが多い。年長者が若者よりも優位に立ち、先祖や父母は子孫よりも優位に立つ。だから、けんかの際には、相手の父母や先祖を罵ったり、相手を自分の子孫に位置づけたりして、優位に立とうとする。日本人には理解しにくいが、例えば「我孫子的孫子（孫の孫）」という言い方は、激しい罵り言葉なのだ。

このような思考法が、この諺にも反映している。この諺を使って年寄りの立場に立てば、それだけで相手より優位に立つことになる。だから、若い人たちも、自慢して冗談をいうときに使うのだろう。

初老に近づきつつあるわたしは、これから楽しみが増えそうだ。

阿Qする

貴人出門招風雨
——貴人のお出ましに嵐はつきもの

表題の諺は、高貴な人物が外出すると風雨、つまり嵐が起こるという意味である。外出して、運悪く雨に降られたとき、この諺をいい、自分や他の人を慰める。広東省など、南方で使われるようだが、分布の詳細は不明。

この諺を初めて耳にしたのは、二〇〇一年四月。広東省珠海のバスの中だった。わたしにつきそってくれたのはHさん。前年大学を出て、社会人になったばかりの女性である。

このときは清明節。墓参の時期だった。わたしは、移りかわる窓外の景色を眺めていた。市内にある革命烈士の陵墓のわきを過ぎると、小中学生が隊列を組み、献花に訪れているのが見えた。

そのうち、雨が降りはじめた。窓ガラスは雨水の帯におおわれ、視界がみるみるうちにさえぎられた。そのとき、Hさんが表題の諺をいった。「どうしてその諺をいうの？」と聞くと、Hさんは

「自分を慰めるためです」という。つまり、「自分はそこらの有象無象《うぞうむぞう》ではなく、エライ人間である。あまりエライから、外出すれば嵐が起こる。だから雨でもしかたがない」――このように考えるのだそうだ。ユーモラスな答えに、わたしは吹き出した。でも、同時に、魯迅の小説『阿Q正伝』の主人公、阿Qの精神勝利法を連想した。すると、Hさんはわたしの心を見透かしたように「阿Q一点！（阿Qしちゃった）」と付け加え、明るく笑った。この「阿Qする」という言い方は、Hさんによると、広く使われるという。

日本人と中国人でノイローゼの原因が異なる、という精神分析家のコメントを読んだことがある。日本人は、相手の期待に沿えないと感じたとき、自分を責め、心を病む。しかし、中国人は、相手が自分を理解してくれないと感じて病む傾向があるという。思考経路が日本人と反対で、内にではなく外に向かう。

トラブルの原因が周囲にあると考え、周囲を責める。責めても効果がなければ、自分を持ちあげて相手の位置を低め、自己の優位を保とうとする。

表題の諺には、自尊心の強い中国人の思考法が表われていて興味深い。それにしても、自己を掘りさげ、阿Qという人物像を創りあげた魯迅の視線は鋭く、深い。中国人と接し、その思考法を知るほど、その思いは強くなる。

日頃の悩み

借着死人哭悲哀
——葬儀の涙で心を晴らす

人が死ねば身内や友人が葬儀を営み、死者に哀悼の意を示す。それは、おそらく世界共通の風習だろう。ただ、哀悼の意の示し方は、国や民族によって異なる。中国の儀礼で、日本人から見て珍しく感じられるのは、死者のために声をあげて泣くことではないだろうか。血縁者は、特に激しく泣かねばならない。血縁者が少なければ、遺族は報酬を払って泣き女を雇い、加勢してもらう。死者と不仲だった身内などは、悲しくなくても泣かねばならない。表題の諺は、このような、葬儀での儀礼的な涙を説明したものだ。日頃の悩みを葬儀で泣いて晴らす、という意味である。

この諺を初めて耳にしたのは、二〇〇〇年四月。勤務先の大学の講師控え室で、中国人の女の先生、Yさんと話しているときだった。

Yさんは、小学一年生の娘さんを持つお母さん。Yさんが七歳、弟が四歳のとき、文化大革命の影響で、それまで住んでいた南京を離れ、姉弟で、母方の祖母の住む山西省運城県の村に預けられた。一九六八年秋から六九年末のことだった。両親から離れて心細かったYさんは、祖母が「遠くからよく来たね」と抱きしめてくれたのが身に沁みて嬉しかったという。

そのうち、祖母の義弟が亡くなり、葬儀が行われた。この義弟は少し変人で、Yさんの伯母とはことに仲が悪く、ほとんど義絶のような状態だった。ところが、義弟の葬儀で誰よりも立派に泣いたのは、なんとこの伯母だった。Yさんは幼心にふしぎでたまらず、祖母にわけをたずねた。すると祖母は、義弟の死が悲しくて泣いたのではないと、表題の諺を挙げて教えてくれたのだそうだ。

中国人が、葬儀のときに泣いて胸にたまった思いを晴らすのは、日本人ほど、社会的に喜怒哀楽の感情を素直に表現することを許されていないからだ、とYさんは説明する。でも、悩みなら、日本人だって同じように抱えている。

「訴《うた》ふべきなやみにあらず声立てて泣けば寂しも人あらぬ部屋に」（三ヶ島葭子）

悩みを抱えても、結局日本人は、たった一人で泣くしかない。おおっぴらに泣く機会のある中国人の方が、日本人のわたしには羨ましく感じられると言ったら、Yさんには叱られるだろうか。

運命

生死由命、富貴在天
――生き死にも富貴も運命《さだめ》

表題は運命にまつわる代表的な諺で、全国的に知られる。古くは『論語』に見え、よく耳にする言葉、すなわち諺として登場する。つまり、少なくとも二千年以上、中国人の心に生きつづけている諺だということができる。「生死有命、富貴在天」ともいう。

この諺が実際に使われるのを耳にしたのは、一九九五年。当時、わたしは北京のある大学の宿舎に住んでいた。教えてくれたのはこの宿舎の服務員で、Mさんという三十代の中国人男性である。

わたしの部屋は宿舎の四階にあった。しかし、わたしは極力エレベーターに乗らないようにしていた。数年前、学内のエレベーターで事故が起き、死者が出たという噂を聞いたからである。

毎日せっせと階段を上り下りするわたしに、ある日Mさんが声をかけてきた。なぜエレベーターに乗らないのかとたずねられたので、訳をいうと、Mさんはあきれ顔になった。「いくら避けても無駄ですよ。落ちる運命なら、たまたま乗ったそのときに落ちるんだから」。Mさんはそういって、この諺を付け加えた。心から忠告してくれたのだろう。すごく真剣な表情だった。運命論者、とからかうと、Mさんは笑いながらも、自分は運命を信じていると言い切った。

運命にまつわる諺はこのほかにも数多く、発想もさまざまだ。例えば「命裏窮、総是窮、拾得黄金也変銅　貧乏運なら、どうころんでも貧乏。黄金を拾っても銅に変わる」（河北）。これは表題と同じく運命は変えられないとする諺。「大福由天、小福由倣　大運は天命、小運は努力」（河北）は、運命と努力の折衷型。さらには「富貴不在命、成敗在人為　栄達は運命がもたらすのではない。失敗成功は努力いかん」（広東）のように、まったく運命を否定した諺もある。異見続出、百家争鳴といったところだろうか。ただ、最も広く知られるのは、やはり表題の諺のようだ。

学生のころ、友人から「人生とは乱丁本か落丁本のようなもの」という箴言《しんげん》を教わった。確かに欠落と混乱を内包しつつ生きるのが人生かもしれない。でも、表題の諺のように運命はあらかじめ定まっているとするなら、あまり自分を責めなくてすむ。この諺は、肩の重荷を少し軽くしてくれる、宗教者の言葉に似た役割を果たしてきたような気がする。たとえその味がアヘンに似ていたとしても。

マイことわざ

一根柱子三箇樁、一箇好漢三箇幇
――柱にはつっかい、男には支え

二〇〇〇年七月、青海省の学会に行ったとき、参加者にどんな諺をよく使うかたずねてみた。

表題の諺を挙げたのは、中年の新聞記者Kさんだった。つっかいが三本なければ、一本の柱は立たない。同じように、多くの人の支えがなければ、英雄も力を発揮できないという意味である。

Kさんはほかにも「多一箇仇人多一箇牆、多一箇朋友多一条路　敵が増えれば道は塞がり、友が増えれば道は開ける」「遠親不如近隣　遠くの親戚より近くの他人」などを教えてくれた。みな、人との結びつきの大切さを説く諺である。

蘭州からお母さんと来た、内気な高校生の女の子Rさんは「好きな諺はありません。でも、学校でよく聞くのは「亡羊補牢、猶未為晩　失敗を改めるのに、遅すぎることはない」です。成績がふるわないとき、先生がこういって励ましてくれるんです」と答えた。羊が逃げてからでも、囲いを修理すれば、まだ取り返しがきく、という意味の諺である。

　銀川から来た研究所長の寡黙な男性Hさんは「適当な諺を思いつきません。でも、歇後語《けつごご》（しゃれ言葉）ならたくさん知っていますよ」といって、「老虎戴仏珠――仮慈悲　虎が念仏を唱える――偽善」「癩蛤蟆打哈欠――口気不小　蝦蟇のあくび――大きな口をきく」など、ユーモラスな歇後語をいくつも教えてくれた。

　よく使う諺や言い回しには、その人の境遇や性格が反映している。新聞記者のKさんにとって、人間関係は財産だろう。また、大学受験を翌年に控えたRさんにとって、先生の言葉は慰めになるだろう。そして、Hさんは寡黙だけれど、きっとユーモアのわかる人なのだ。

　わたしが同じ質問をされたら、「血は水よりも濃い」という諺を挙げる。血のつながりといっても現実にはもろいもので、あっけなく壊れることがある。だから、この諺を聞くと反発したくなる。でも、いつも心にかかっている諺であることに変わりはない。

　人生を歩む中で、人はそれぞれ心にかかる言葉に出会う。こうした言い回しは、折にふれ心の中で否定されたり、首肯されたりしながら、その人の心に浮かびつづける。そうして受け継がれてきた言葉の一つが諺なのだろう。

みれんの糸は切っても切れぬ

——切なる思いを伝えることわざ

初めの一歩

万事開頭難
――なんでも初めが難しい

表題の諺は、どんな仕事でも旗揚げの段階が一番難しいという意味である。

これから新たに物事を始めようとする人が、自分自身や協力者を励ますときに使う。また、すでに始めている人が、最初のころの難しさを振りかえり、今後もくじけぬようがんばろうと決意を新たにするときにも使う。「万事起頭難」ともいい、全国的に使われる。

この諺を初めて耳にしたのは、二〇〇〇年春、中国人のZさんと話しているときだった。Zさんは主婦。娘が一人いる。夫婦で来日して四年目、出産を期に退職したが、子どもに手がかからなくなったら、また仕事を始めたいと望んでいた。

ところが、娘が小学校に上がり、時間の余裕もできたのに、夫はどうしてもZさんの再就職に賛成してくれない。夫は高給取りで、妻が働かなくても一家は暮らしていける。それに、彼女が就職したら、夫も家事を負担せねばならなくなる。彼も仕事は忙しい。だから、夜帰宅してから家事をやるのは気が進まないのだという。でも、Ｚさんの決意は固いようだ。まず仕事を見つけ、なおも夫が反対するなら娘を連れて別居するとうちあけた。このとき、Ｚさんは表題の諺を使った。長い間悩んで出した結論なのだろう。落ちついた表情だった。

この諺を聞いたとき、Ｚさんの追いつめられた気持ちが伝わってくるような気がした。Ｚさんは離婚を望んでいるのではないと思う。彼女は、むしろ自分の気持ちを夫に理解してもらい、対等の夫婦関係を築きなおしたいと思っている。表題の諺は、その一歩を踏み出す決意表明なのだ。

「トレーラーに千個の南瓜《かぼちゃ》と妻を積み霧に濡れつつ野をもどりきぬ」（時田則雄）

一家の大黒柱として妻子を養い、守っていくのは、男性にとっての喜びだろう。でも、Ｚさんにとってても仕事は生き甲斐で、自分の夢でもある。そのままいっしょにいたら、彼女が意志を持った一人の女性であることに夫は気づかない。Ｚさんにとって、別居は理解を深めるための強行手段である。

それにしてもなんと重く、せっぱつまった選択だろう。自分らしく生きようとすれば、初めの一歩として、女たちは個々に孤独なクーデターを戦い、勝利せねばならない。そこが男と違うところだ。

銀の糸

藕断糸不断
――みれんの糸は切っても切れぬ

表題の諺は、みれんの情を表す。藕は蓮根のこと。蓮根は切られても糸を引く。断ち切らねばならぬとわかっていても思い切れない、そんな気持ちを表現するときに使う。男女関係に用いることが多い。より短く「藕断糸連　みれんの糸は断ち切っても尾を引く」ともいい、全国的に使われる。

この諺を初めて耳にしたのは、一九九六年夏。湖北省武漢の女性教授、Rさんの家だった。定刻に訪れると、家の中はひっそり静まりかえっていた。家族がみな出張に出てしまって、とRさんはにぎやかにしゃべりながらお昼をごちそうしてくれた。

中に蓮根を煮こんだ料理があった。Rさんによると、湖北省は全国でも有名な蓮の産地で、蓮根の煮こみは当地の代表的な家庭料理とのこと。

口に含むと、蓮根のあまりの柔らかさに驚いた。さくりと音がしたかと思うと、とろけるように形がなくなってしまう。そしてその一瞬、蓮の糸が光る。細い銀色の糸がひとすじふたすじけむるように尾を引いては消えるのだ。わたしは声もなくその美しさに見とれた。

そんなわたしを見て、Rさんは表題の諺を挙げ「糸が見えるでしょう。諺はこの糸から生まれたんですよ」といった。

この諺は男女のみれんを表すだけではない。犯罪から足を洗えない場合などにも使われる。以前、新聞でこんな記事を読んだことがある。警察が窃盗集団で使い走りをしている少年を保護し、更正させようとした。でも、当の少年は大人の思惑通りに動かなかった。「みれんの糸は切っても切れぬ」で、少年院から出ると、すぐもとの古巣に舞い戻ってしまったという。これは仲間へのみれんであろう。

それにしても、蓮の糸の哀切な美しさは、断ち切れぬ思いを表すのになんとふさわしいことか。諺は一種の類型表現である。類型表現は普通、ステロタイプの、一段劣った表現と思われている。でも、反対にいえば、あまりにも適切な表現であるからこそ、長い時間繰り返し同じ形で使われてきたともいえるだろう。銀色の糸を見たとき、わたしは初めて類型表現の真価に思い至ったのである。

果てしなき欲望

人心不足蛇呑象
——人の欲のきりなきは象を呑む蛇のごとし

表題の諺は、人の際限のない欲を表すのに使われる。中国で暮らしていると、ときどき耳にする諺だ。例えば、こんな思い出がある。友人のTさんは当時三十歳の男性。まだ若く、ふだんはそれほど愚痴っぽい人でもなかったが、一度、よほど不本意だったのだろう。珍しく兄のことでぼやいていた。「これまでにあんなに力を貸してきたのに、まだなんだかんだといってくる。ほんとにきりがないんだから！（真是人心不足蛇呑象！）」。この諺を見ると、今でも、彼の憂鬱そうな表情が浮かんでくる。

表題以外にも、人の欲を表す諺は数多い。「一鍬挖到金猫子、還要問娘在哪裏　金の子猫を掘りあてた。母ちゃん猫はどこにいる？」「落水要命、上岸要財　溺れたときは命が、助かったら金《かね》が欲しい」などという諺はほめられたものではないが、人の本音が表れていておかしい。

表題の諺は中国全土で使われるが、一方でこの諺の起源といわれる昔話が全国的に分布し、よく知られている。さまざまな類話があるが、そのうちの一つを紹介してみよう。

昔、小間物屋が小蛇を拾い、育てた。蛇は成長して大蛇になった。蛇は実は竜王の息子だった。小間物屋が蛇を山に放つと、蛇は恩返しを約束して去る。町へ出た小間物屋は、王子が重病にかかり、薬として竜の肝《きも》を探しているのを知る。さっそく蛇を捜しにいくと、蛇は竜に変身し、口を開け、快く肝を切り取らせてくれる。小間物屋は宰相に取りたてられる。ついで国王が病気になり、また肝を要求される。蛇に頼むと、蛇は口を開けてくれる。が、宰相が欲張って大きく肝を切り取ろうとしたため、蛇は苦しさのあまり口を閉じ、宰相を呑みこんでしまう（湖北）。

宰相の「相」と「象」は発音が同じである。「蛇呑象」はもともと「蛇呑相」の意味で、この諺はこの話から生まれたという。しかし、象を呑む蛇は、古くは『山海経《せんがいきょう》』にも見える。そうしてみると、この話から諺が生まれたのではなく、むしろ諺に話が付会されたのだろう。

それにしても、恩返しのためにはと、健気にも死ぬほどの痛みをがまんしようとする蛇がいじらしい。こんな欲張り男、食べられてしまえ！　と心から蛇を応援してしまう一話である。

不遇

人比人、気死人
――人と比べりゃ腹がたつ

表題は他人と自分の落差を嘆く諺である。例えば、他人の社会的地位や収入が際だって高いのに、自分は名もなく貧しい場合などに使う。全国的に知られた諺である。

この諺を初めて耳にしたのは、一九九五年九月。浙江省H市でOさんという美術雑誌の編集者と話しているときだった。Oさんは水墨画の画家でもある。年は四十代半ば。どことなく生活に疲れたような気配が感じられた。編集の仕事のかたわら描いたという絵を見せてくれたが、描写は個性的で、素人目にもすばらしかった。

しばらく話すうち、Oさんは誰か日本の美術関係者を紹介してほしいといった。なんでも、Oさんの友人の画家が日本のテレビ局の有力者の奥さんと知り合い、その奥さんが友人の絵を高く評価して、日本の有力な美術家に紹介したらしい。画家は日本のテレビ局に就職し、今は日本で豊かな生活をしているとのこと。それにひきかえ、自分はあいかわらず生活に追われているというのだ。このとき、Oさんは表題の諺を使った。そして、彼と自分の才能はさほど変わらないと力説した。わたしが美術関係者に知り合いはいないと答えると、今度は日本で篆刻《てんこく》をやって成功する可能性はあるかとたずねられた。自分の才能を生かして少しでもいい暮らしがしたいという焦りが、ひしひしと伝わってきた。

この諺のバリエーションはそれほど多くない。その中で「人比人得死、貨比貨得扔　人と比べりゃ生きられぬ、物を比べりゃきりがない」「人比人、活不成　人と比べりゃ生きてはいけぬ」は比較的知られている。また、「人比人、比死人、鶏比鴨子淹死啦　人と比べりゃきりがない、鶏がアヒルと競っても溺れるだけ」（山西）といったユーモラスな言い方もある。

一九八〇年代からの改革解放路線で、中国は急激な経済発展をとげつつある。激変する時代の中で、運をつかむ人とつかめない人が出てくるのは自然のなりゆきであろう。

「何事も金金《かねかね》とわらひ／すこし経て／またも俄かに不平つのり来《く》」（石川啄木）

人は誰しも嫉妬、羨望、焦りに苦しむ。「この諺なら毎日使っている」という中国人にも会った。どろどろした感情も、この諺を使えばさらりと吐き出すことができる。ちょっと気持ちが楽になるのだろう。

子供たちの王様

家有二斗糧、不当孩子王
――小糠二斗あるならば教師になるな

表題は、教師の貧しさを嘆く諺である。全国的に知られ、教師自身が貧しさを自嘲するときに使う。また、客観的に教師の貧しさを説明し、慨嘆するときにも使う。

「二斗糧」は、わずかな財産の意。わが国でも「小糠三合あるならば入り婿すな」といったりする。ただ、「糧」は小糠ではなく、穀物、豆、芋など主食の総称。「三斗糧」「半年糧（半年分の穀物）」など、量が異なる言い方もあるが、意味は変わらない。「孩子王」は、子ども相手の王様の意。「娃娃王（ちびの王）」「猴児王（コザルの王）」などともいい、教師を指す。多くは小学校の教師のことで、映画『子供たちの王様』（『孩子王』一九八七年）はこの諺を踏まえている。

表題と同じ意味の諺はたくさんある。例えば「唔窮唔教学、唔餓唔搿鍋　腹が減らなきゃ鍋はこそげぬ。食い詰めなければ教師にゃならぬ」（広東）「千莫奈何討米、万莫奈何教書　千策尽きれば乞食、万策尽きれば教師」（湖南）など。より率直に「十箇教師九箇窮　十中八九、教師は貧乏」（浙江）ともいう。また、生活できない教師が兼業する状態を指して「上半日先生、下半日窯匠　午前は教師、午後はレンガ職人」（湖南）などという。

これらの諺の背景にあるのは、発展から取りのこされた内陸部の農村の教師たちである。辺鄙な村には正規の教員資格を持った教員が来ないので、無資格の教師が教壇に立つ。優れた教師もいるが、中にはきつい農作業を嫌って農民から転じただけの教師もいる。

そうした教師たちは、給料の遅配や欠配に苦しむ。一九九六年、北京の招待所で、山東省から来た若い男の服務員と話をした。彼は高卒で中学教師をしていたが、最後は給料が半年間もらえず、やむなく転職したという。師範学校を出ていない教師を民弁教師というが、民弁教師は公務員ではないから、退職しても老後に年金が支給されない。そんなことを話しながら、彼は表題の諺をいい、わたしが教師だというと、運転手にでもなった方がいいと忠告してくれた。

「〈職業に貴賤あらず〉と嘘を言うな耐え苦しみて吾は働く」（石田比呂志）

一九九八年に、再び同じ招待所に行ったときには、彼はもういなかった。もっと条件の良い職を見つけたのだろう。わたしを教師と知って転職を勧めたのは、彼で二人目だった。

心の闇

好死不如頼活
――立派に死ぬより、どんなにみじめでも生きている方がいい

表題の諺は、貧乏や病苦などで絶望した人が、愚痴をいって気持ちを収めるときに使う。また、そうした理由で自殺しそうな人をなだめて、死を思い止まらせようとするときにも使う。「好死不如歹活着」や「好死不如悪活」など、少しずつ語句の異なる言い方があるが、いずれも意味は変わらない。全国的に広く使われる。

この諺を初めて耳にしたのは、一九九九年七月、東京。知り合いの中国人女性、Yさんと家族の話をしているときだった。

Yさんによると、彼女の母方の祖母は不幸な人だったという。まず、文化大革命の最中に、頼みの綱の長男が職を失い、おばあさんは、七十歳を越えた高齢にもかかわらず、一人暮らしを余儀なくされた。ところがその時期、おばあさんは運悪く交通事故に遭い、片足を切断してしまった。

その後、おばあさんは娘夫婦、つまりYさんの両親の一家と同居することになった。少女だったYさんは、杖を頼りにいつも家の中をゆっくりと移動していたおばあさんを覚えている。八十歳を過ぎて亡くなるまで頭は確かで、家事も少しはできた。でも、高齢で障害を負った嘆きは深く、おばあさんは折にふれ、ため息をつきながらこの諺を口にしたという。

おばあさんとしては正直な気持ちだったのだろう。でも、それを頻繁に聞かされるまわりの大人たちはたまらない。「みんな「不好聴（嫌みったらしいんだから）」と嫌な顔をしてね」、とYさんはおかしそうに笑った。

日本では最近、リストラが原因で中高年の自殺が多い。Yさんは自殺の報道を目にするたびに、中国ならまわりの誰かがこの諺を使って慰めるのに、と残念に思うのだそうだ。

人生とはきまぐれなものだ。一生懸命生きても、必ずしも幸福になれるとは限らない。でも、苦しみ、愚痴をいいながらも、最後まで生きたおばあさんの姿は、今でも孫のYさんの心に生きている。そしてそのおばあさんの記憶が、Yさんの優しい性格をはぐくんでいるような気がする。

諺は、時には痛ましい記憶とともに受け継がれ、人の心を深く、豊かにしてくれる。

罵声

狗嘴裏吐不出象牙来
——犬の口に象牙は生えない

表題の諺は、人を罵るときに使われる。根が下司な奴はどうせろくでもないことしかいわない、とけんかで正面切って相手を罵るときに使う。また陰で人を罵るときにも使う。全国的に知られた諺である。

中国でこの諺を初めて耳にしたのは、一九九五年夏。北京の友人、Tさん夫妻の家へ遊びに行ったときのことである。夫妻とおしゃべりをしていたら、Tさんがこんなことをいった。「千野さんが先回遊びに来たとき、僕一人だったでしょう。あの日かみさんが勤めから帰ってきたら、エレベーター係のおばさんに、今日おまえさんのご亭主のところに日本の女が来てた、気をつけたほうがいい、といわれたらしいんですよ」。

Tさんは高層アパートに住む。中国の高層アパートにはエレベーター係が常駐している。Tさんがいったのは、その係を勤める五十がらみの太った女性のことだ。勤め帰り、おかしなことを聞かされて、奥さんはさぞ迷惑だったに違いない。

それにしても、Tさんはわたしより一回りも若い青年なのだ。「これからはお二人揃っているときに伺うことにします」というと、Tさんは「気にすることありませんよ。あのおばさんは、いつも下司のかんぐりであらぬことをいいふらすんだから」といって、表題の諺を付け加えた。軽蔑しきったような語調だった。

その後、町なかでもこの諺を聞いた。運転手のけんかである。事故を起こしたらしく、二台の自動車の脇に人垣ができていて、男どうしの罵声が人垣の後ろまで聞こえてくる。双方、相手に非があると主張しあっているのだろう。かろうじて聴き取れたのは「祖宗八代不得好死（先祖代々死に損ないのろくでなしめ！）」と「狗嘴裏吐不出象牙来（根が下司な奴は下司なことしかいいやがらねえ！）」という肺腑をえぐるような応酬だった。

この諺は罵語の一種である。あまりにも直截な表現に眉をひそめる向きもあるかもしれない。でも、この諺は元気がいい。負けてたまるかという陽性のエネルギーに満ち満ちている。憎い相手めがけて言葉の匕首が一瞬閃き、急所をえぐる。そんな爽快感がたまらなく好きだ。

怒り

国民党養土匪、共産党養白皮
——国民党は土匪《どひ》を飼い、共産党はデカを飼う

表題の句は諺ではない。農婦の放った罵倒の言葉である。土匪は土着の匪賊。解放前、国民党は匪賊を買収し、利用した。「白皮」は白シャツで、警官を意味する方言。「白皮」は、音の似た「白喫（ただ飯）」と掛けている。共産党は警官にむだ飯を食わせ、養っているという意味である。

この句は、二〇〇一年夏に中国の南方へ行き、宴会で列席者みなに諺をたずねたとき耳にした。教えてくれたのは、三十代後半の警官Hさんである。

Hさんは磊落《らいらく》な男性だった。大きな目は一見優しい印象を与える。でも、警官らしく眼差しは鋭かった。順番が回ってくると、彼はこんな話をした。

広東省の潮州で、農民のお婆さんが訴え出た。家の羊が一頭いなくなったから捜してほしいという。でも、捜しても無駄だ。誰かに食われてしまったに決まっている。そういってお婆さんを帰し

た。ところが、お婆さんは諦めない。翌日も、翌々日もやってきた。同じように帰そうとしたら、最後にお婆さんは怒り出した。そして、表題の句を投げつけ、帰っていった。「これが俺の諺です」といって、Hさんはにやりと笑った。

周囲の人は、わたしがからかわれたと思ったようだった。でも、Hさんは、この種の質問に正面から答えるのが面映ゆかったのだろう。Hさんは、冗談めかしてジレンマに満ちた彼の日常を表現したのだ。

中国は、現在、年率一〇パーセント近い経済成長をとげ、好景気に沸いている。でも、拝金主義がはびこって社会的モラルが低下し、毎日事件が起こる。被害を受けて泣き寝入りするのは、繁栄の恩恵を享受することのない庶民たちだ。

この町の中心にある寺を見にいったら、寺の前の道路は掘り返され、ぬかるんでいた。ほどなく高層ビルが建つという。尼さんが出てきて「ビルが建ったら、寺はすっかり日陰になってしまいます。でも、寺は政府から重視されていないから、しかたありません」とため息をついた。隣で話を聞いていた一人の老人は、年金で暮らしているので、昨今の物価上昇のため生活が苦しいとこぼした。

忘れられた、片隅の人々。Hさんの「諺」は、このような貧しい、力ない人々の声を代弁しているように思われた。

黄河に行きつくまで心は死なない

——風土が生んだことわざ

結ばれぬ恋

不到黄河心不死
——とことんまでやらねば気がすまない

この諺を実際に耳にしたのは、一九九五年、北京の中国人の友人の家だった。この友人は三十代初めの既婚男性。対日感情のいいとはいえない中国では珍しく大の日本びいきで、「僕は漢奸《かんかん》（民族の裏切り者）です」と冗談をいいつつ、仕事のかたわら夜学に通い、日本語を学んでいた。

一度、夫妻から日本への語学留学について相談されたことがある。奥さんは彼の志をじゅうぶん理解していた。それでも、外国の事情がわからないだけに、夫が日本へ行くのを不安がっていた。話すうち、彼は奥さんに「我是不到黄河心不死啊（僕は、とことんまでやらなければ気がすまないからね）」といった。わたしはそばで聞いていて、彼の決意が固いのだなと感じた。

固い決意を表そうとするときに黄河の名が出てくるとは、いかにも広大な中国らしいと思う。ただ、明代の小説集『初刻拍案驚奇』第十五回には「不到烏江心不死」とあるから、こちらも使われたらしい。烏江《うこう》は現在の安徽省の烏江浦。項羽が劉邦に追いつめられ、自殺した地である。

ところで、「黄河に行きつくまで心は死なない」という言い回しが想像力を刺激するためだろうか。黄河沿いには、この諺の起源といわれる一つの悲恋の物語が伝わっており、数え切れないほどの類話がある。例えば、こんな話である。

金持ちの一人娘、黄荷《こうか》が笛のうまい喜雨《きう》という若者と恋をし、泉のほとりで結婚の約束をする。ところが、喜雨は貧しい作男だった。金持ちは喜雨を追い払い、喜雨は恋わずらいで死ぬ。臨終の床で喜雨は盲目の母親に言い残す。自分の心臓を取り出し、泉の水を入れた碗につけて笛をそえてほしい。そうすれば心臓は動きつづけ、笛は鳴りつづける。それを見せ物にすれば食べてゆける、と。遺言通りに碗を持って村から村をめぐり歩いた母親は、嫁入りに行く途中の黄荷に出会う。黄荷に出会った瞬間、心臓は鼓動が止まり、笛の音はやんだ。黄荷は喜雨の母親から事情を聞くと自殺してしまう。この話から「黄荷（荷は河と同音）に会うまで、心臓は止まらない（不見黄河心不死）」というこの諺が生まれたという。

実際には、こうした話がこの諺を生んだというより、この諺が黄河沿いの人々の記憶に残り、繰り返し口の端に上るうちに、いつしか結ばれぬ恋の物語と結びついていったのだろう。

「人の世に許されざるは美しき」（時実新子）

それは時代と国境を越えた真実なのだろうか。

交わらぬ水

井水不犯河水
——あちらはあちら、こちらはこちら

表題の諺は全国的に使われる。異質な二者が、互いに交わることなく共存することを表す。初めてこの諺を聞いたのは、一九九五年。教えてくれたのは北京の友人、Tさんだった。

Tさんは当時三十過ぎの男性。家へ遊びにいくと、時折「ちょっと外に出よう」という。こういうときは必ず奥さんのお母さんが遊びにきており、母娘のにぎやかなおしゃべりが奥から聞こえてきた。Tさんは外へ出ると、必ずこの諺をいった。義理のお母さんの相手をするのが苦手なのだろう。そういうときの、Tさんのいたずらっぽい表情が、今も目に浮かんでくる。

この諺は政治の場で使われ、社会的に大きな話題になったことがある。

一九八九年六月四日、北京の街を血に染めた天安門事件。衝撃のさめやらぬ翌七月、総書記に着任したばかりの江沢民は、北京で香港特別行政区基本法起草委員ら香港の財界人と会見し、この諺

を用いて一国二制度を説明した。

一九九七年に中国に返還された後も、香港を社会主義化する気はない。あくまで一国二制度を貫くのだから、香港が天安門事件について中国政府を批判するのもやめるべきだというのだ。

この発言を、香港のマスコミは大きく取りあげ、一時この諺は中国・香港の流行語となった。

確かに、井戸水と川の水は交わらない。だが、この諺は単に水のある場所の違いをいっているのではない。主眼はむしろ両者の水質の違いにある。

地域差はあるが、中国の井戸水はおおむね硬水である。煮沸して鉱物質を取り去らないと飲むことができない。これは生活する上では切実な問題だ。だから、中国人と水の話をすると、たいてい水質の話題になる。

例えば、故郷の川のかたわらの井戸が硬水。川は軟水。川があんなに近いのにどうして水質が違うのだろう、ふしぎだ、といった話である。

「水が変わる」など、日本にも水質に関する表現はある。しかし、これは異郷へ来たという実感を表す言葉であろう。中国人にとっては、ひとところに定住していても、水は一種類とは限らないのだ。

中国の生活は厳しい。この諺を目にし、耳にするたびに、決して生水を飲む事のできぬ、中国での暮らしが思い起こされる。

菜の花と西瓜

早穿皮襖午穿紗、囲着火炉喫西瓜
——朝は毛皮で昼は薄物、夜はストーブ囲んで西瓜を食う

表題の諺は、昼と夜の温度差が大きいことを指す。皮襖《ピーアオ》は毛皮の裏をつけた上着、紗は薄物の意。中国西北部の青海省、甘粛省、寧夏回族自治区、新疆ウイグル自治区から、東北部の内蒙古自治区、黒竜江省にかけて使われる。

似た意味を表す諺としては「早上凍死一条牛，到午便臭了　朝凍え死んだ牛が昼には腐る」（内蒙古）がある。しかし、広く知られるのは、表題の諺のようだ。

この諺を初めて耳にしたのは、二〇〇〇年七月十五日、青海省海晏《かいあん》県。青海湖へ向かうバスの中だった。窓外は草のまばらな砂漠が広がり、夏の日差しが照りつける。クーラーがないバスの車中はうだるように暑い。時折、焼けた部品に運転手が水をかけている。でも、窓を全開すると砂塵が吹きこんでくる。そこで、申し訳程度に窓を開け、カーテンがないので日傘をさした。隣の席の甘

粛省から来た中年男性Yさんは、青海湖へ一度行ったことがあるという。騒音の中、Yさんは大声で表題の諺を叫び「夜は寒くなるよ」といった。でも、暑さで参っていたわたしは、実感がわかなかった。

宿舎に着いたのは夕方だった。日没後、急に気温が下がった。湖のほとりでキャンプファイアーが始まったが、長ズボンと冬のセーターを着こんでもまだ寒い。このとき、わたしは初めて表題の諺の意味を実感した。そこらを駆け回って身体を暖めていたら、現地の人が包《パオ》（遊牧民のテント）からチベット服を出して着せてくれた。全身を厚い綿入れですっぽりくるまれたようで、いっぺんに暖かくなった。Yさんが「よく似合う」と笑い、写真を撮ってくれた。

青海省では、日本との季節感の違いに驚かされた。砂漠と草原を過ぎ、村に近づくと、畑は菜の花の花盛りだった。

「ゆきゆけば朧月夜《おぼろづきよ》となりにけり城のひむがし菜の花の村」（佐々木信綱）

それまで菜の花は春の風物詩だと思っていた。でも、ここでは真夏の花だ。西瓜を食べながら菜の花畑を眺め、昨日の夜の、冬のような寒さを思い出していたら、今まで絶対だと思っていた季節感が揺らぎ、相対化されるのを感じた。こういうところに来ると、俳句を作る人は困るだろうな、と思わず笑ってしまった。

故郷の言葉

老郷見老郷、両眼涙汪汪
――故郷の人に行き会えば、涙あふれてやまず

表題の諺は全国的に知られる。故郷を離れた人が、旅先で同郷人に出会ったときに感じる、嬉しく懐かしい気持ちを表したものだ。

異郷にいると同郷の人が懐かしい。この思いは、世界各国共通であろう。では中国人にとって、「故郷の人」とはどの範囲を指すのだろう。生まれた村だろうか、それとも省だろうか。この疑問には、身近な中国人の男性、Rさんが答えてくれた。

Rさんは広州出身の中年男性。彼によると、中国人にとって「故郷の人」とは「自分と同じ言葉を話す人」だという。例えば、Rさんは広東語と北京語を話す。「わたしの場合、中国人ならこのどちらかを完璧にしゃべれる人でないと親しみがわきません。ちょっとでも訛りがあると、もうだめなのです」とRさんは強調する。そこで「それは少し心が狭くないですか」と聞くと、「自分で

もなぜかわからない。けれど本当なのだからしかたがない。中国人はみなわたしと同じようなことを感じるのですよ」と彼は笑い、「同じ広東省といっても、わたしの場合汕頭《スワトウ》の人とはまったく言葉が通じない。もちろん親しみなどわきません」と付け加えた。

そういえば、中国には故郷と言葉のつながりを表す諺が多い。例えば「老郷見老郷、知心話一大筐〈前略〉話したいことは山ほど」（湖北）。また、「久旱逢甘雨、異地聞郷音　他郷で聞く故郷訛りは、干ばつに降る恵みの雨」（湖北）「千里路見郷党、賽過在家見親娘　旅先で行き会う同郷人は、故郷の母にもまさる」（寧夏）など。いずれも遠い旅先で故郷の言葉を聞いたときの心の弾みが伝わってくる。

けれどもこれらは同時に、中国国内の方言差がいかに大きいかを物語っている。日本はどうか。歌人の土屋文明はかつて中国に旅し、

「此の宿を小さき日本と帰るなり少女等《をとめら》のひびく日本語の中」

と歌った。自分の言葉が通じる小さな宿屋。そこは、互いに思いのたけを語れる異郷の小さなオアシス。この歌の情景は、他郷で故郷訛りを耳にした中国人の心境といかに似通っていることか。だが、そこで彼が耳にして安らぎを覚えたのは、故郷訛りではなく日本語なのだ。

中国は、〝小さき日本〟のような集団が何十、何百も集まった総体なのかもしれない。そう思うと、中国という国の大きさと多様性を感じ、空恐ろしい気がする。

方言

天不怕地不怕、最怕広東人説普通話
――世の中に恐いものなし。恐るべきは、広東人の共通語

中国の方言差は大きい。出身地が異なれば、共通語である「普通話《プートンホワ》」を使わないと、相互に意志疎通ができない。でも、方言を話す多くの中国人にとって、正確な普通話を操るのが難しいのも事実だ。

中でも広東人は、普通話べたで有名だ。特に年配の人は普通話がまったく話せないか、話しても広東訛りが強く、聴き取れないことが多い。表題は、そんな広東人をからかう諺である。

この諺を初めて耳にしたのは、一九九五年、北京市郊外の門頭溝《もんとうこう》。人民解放軍の招待所で開かれた学会に出席したときだった。

発表の終わり近くに、広東から来た研究者が発表した。ところが、話しているのは普通話らしいのに、ほとんど聴き取れない。会場はざわざわしはじめ、発表者も自信なげなのが感じられた。隣

の席のTさんにたずねると、「わたしが聴き取れるのは二〇パーセントぐらい。ときどき六〇パーセントぐらいわかるときもあるけど」と答えた。そして「あの方自身も自覚しているのよ。今「わたしの話は聴き取れないでしょうね」といったもの」と笑いを嚙み殺しつつ、表題の諺を教えてくれた。

この諺には、パロディーがある。一句目は同じだが、二句目が「最怕老兄説白話　恐るべきは、よそ者の広東語」（広東・広州）となる。広東人が、広東語を覚えられないよそ者を、反対にからかう諺である。

有名な諺には、たいていパロディーがある。例えば、有名な諺の「老婆総是別人的好、孩子是自己的好　女房は他人のが良い。でも子どもは自分のが一番」を、女の人は「丈夫総是別人的好　亭主は他人のが良い」ともじったりする。

諺は一種の類型表現である。だが、類型表現であるからこそ、パロディーが生まれる。現実の生活では、それを諧謔的に使って笑いを共有し、結びつきを深めることができる。諺は新たな発想を促す装置なのだ。

日本の「親はなくても子は育つ」という諺には、「親はあっても子は育つ」というパロディーがある。わたし自身、もとの諺よりパロディーの方に共感し、心に慰めを感じているのである。

ことわざの発生

天上九頭鳥、地下湖北佬
——天には凶鳥、地には湖北人

表題の諺は、九頭鳥は天から災いを降し、湖北の人は地上で悪知恵をはたらかせて人をだますという意味である。「九頭鳥」とは、湖北省など洞庭湖周辺に伝えられる凶鳥。もともとは首が十個あったが、犬に一つ食いちぎられるなどして九つになったという。夜に飛び、傷口からは常に血を滴らせている。その血がつくと家に災いが起きるといわれる。

表題の諺を耳にしたのは、二〇〇九年四月。安徽省のある村へ行き、村長のKさんと食事したときのことだった。共通の知り合いである湖北のG教授の話題が出たとき、Kさんがふとこの諺を使った。本来は人をけなす意味の諺だから、わたしは少し驚いた。だが、Kさんは、G教授が湖北なまりの普通話（共通語）を話すため、聴き取るのが難しいとこぼしただけだった。なごやかな表情から見て、KさんはG教授が湖北の人であることを強調するためだけに諺を使ったようだ。予想と違ったので、その使い方が印象に残った。

表題の諺のバリエーションとして「天上独怕九頭鳥、地下独怕湖北佬　恐るべきは天の凶鳥、地の湖北人」「天上九頭鳥、地下湖北佬、十箇九頭鳥、当不得一箇九江佬〈前略〉凶鳥十羽も一人の九江人にかなわない」などがある。九江は湖北に接した江西省北部にある長江沿いの都市である。

台湾の研究者朱介凡は、表題のような、特定の地名を挙げてその地の住民の悪口をいう諺は、ほとんどが清代以降、交通が発達し、他郷に出歩く人が増加してから現れたという。この指摘が正しいとすれば、表題の湖北人とは、長江の交通の要所、武漢三鎮の人たちを指していったのかもしれない。他郷の人間が湖北に来て、だまされることが多かったのではないだろうか。他郷人の怨みがこもっているような気がする。

現在の中国でも、農村人口が都市へ急速に移動しつつある。だから、諺とはいえないまでも、特定の地域の人の悪口が広まって定着することがある。よく知られているのが河南人の悪評で、近年、中国人は河南人と聞けば反射的に「造假《ザオジア》」という言葉を思い浮かべるようになった。造假とは、不誠実なことをしたり、偽物を売りつけたりすることをいう。その実態を分析した『河南人惹誰了（河南人は誰を怒らせたのか）』（馬説著、二〇〇二、海南出版社）という本まで出版され、河南省出身者は信用を失って、農民が都市へ働きにきても働き口をさがすのが難しくなるなどの現象が生じているらしい。表題の諺もさかのぼればこの種の悪評から生まれ、時がたつうちに毒気が抜けたのかもしれない。

毒気が抜けた悪口の諺は、会話のスパイスとして用いられることが多くなるのではないだろうか。表題と並んで知られる悪口の諺に、「京油子、衛嘴子、保定府的狗腿子　すれっからしの北京っ子、口の達者な天津っ子、悪の手先は保定っ子」がある。見たところ他郷人の悪意そのものだが、北京出身の女性Jさんによると、北京や天津出身の人たちが一つの場で和気藹々とおしゃべりしているとき、「調子がいいなあ、さすが北京っ子だ！」など相手をからかう冗談として使うことが多いということだった。

悪口には往々にして半面の真実が宿る。「生き馬の目を抜く江戸」といった言い方は、確かに江戸の気風の一面を伝えている。実体をついているからこそ悪口なのだ。真実の宿る言葉は口から口へと伝えられ、広まっていく。その間に表層の毒は抜けても、その土地らしさを言いあてた内実は残る。諺の発生する根は多様であるに違いない。お国自慢もあれば他郷の悪口もあるだろう。だが、実感をうがった言葉が人口に膾炙して諺が生まれるという過程は共通するのではないだろうか。暮らしの中の鋭い観察や機知が、やがて真実を映す言葉として定着していくという姿がそこにある。表題の諺からは、時をこえ空間をこえて語り継がれる諺の、生成の一端をかいま見ることができるような気がする。

やさしい日本語

日本語を学ぶ中国人は、日本語学習について、よく「笑着進門、哭着出門　笑って入門、泣き泣き卒業」という。やさしいと信じて学びはじめた日本語が、学べば学ぶほど難しくなり、卒業するのに苦労したり、場合によってはものにならぬうちにやめてしまったりすることを指す。他に「笑着入学、哭着畢業」とか、「笑着進、哭着出」など、同じ意味で少しずつ違う言い方がある。また、「学英語、哭着進笑着出、学日語、笑着進哭着出　英語は、泣き泣き入門、笑顔で卒業。日本語は、笑顔で入門、泣き泣き卒業」など、別の外国語と比較して使うこともある。

二〇〇〇年の夏、北京市内のある大学の宿舎に泊まっていたら、Mさんという男性が訪ねてきた。Mさんは江西省から北京に来て研修を受けている若手の民俗学研究者で、これから日本語を学ぶつもりだという。嬉しくなって、なぜ日本語を選んだのかたずねたら、「日本語はやさしい。漢字は勉強しなくてもわかります。あとはひらがな五十字とカタカナ五十字しかない。三日もあればマスターできますよ」といった。

Mさんのような大人だけではない。北京のバスの中で、小学生が日本語について話しているのを聞いたことがある。「日本の新聞を見たら漢字がたくさん混じっていたよ。外国語なのに何が書いてあるかわかるんだ。日本語はすぐできるようになるな」。身長から見て、五年生か六年生くらいの男の子たちだった。漢字かな交じり文を見て、日本語はとっつきやすそうだと感じるのは、中国人の素朴な感じ方ではないかと思う。だから多くの人が日本語に「笑って入門」する。でも、残念なことにその多くが挫折してゆく。

翌年、偶然Mさんと顔を合わせる機会があった。「日本語はマスターできましたか」とたずねたら、Mさんは顔を曇らせて「日本語は難しいですね。挫折してしまいました」といい、「笑着進門、哭着出門」と付け加えた。きまり悪そうだった。

興味深いのは、中国人の日本語に対する感じ方が、日本人の中国語に対する感じ方と、ほとんど同じであることだ。日本には古くから日本語と中国語は同文同種だという考え方がある。漢文訓読で中国古典を原文を生かしつつ日本の文体に訓《よ》みかえる方法も影響しているだろう。電車の中で小学生が「中国語は漢字だから、見たらわかるよ。すぐできるようになるね」と話しているのも聞いたことがある。

「アンニョンは安寧の意としりてよりハングル文字を習いそめにき」（野坂昭如）

NHKのハングル講座が始まったころ、雑誌で見てほほえましく思った歌である。漢字は東アジアの多くの国が共有する文化だ。漢字を介して外国語に親しみを持つのは当然のことだろう。ただ、中国人でも日本人でも、異言語、異文化であることを無視して理解できると主張されると、相手を知ることなく決めつける姿勢が気になる。先年中国で吹き荒れた反日の嵐や、日本で嫌中国観を抱く人たちの過激な言説に眉をひそめる人は多い。だが、やさしい言語がこの世に存在すると信じている人たちには、それと同種の心性が潜んでいる。わたしたちは、ともすれば自分は普通だと思いがちだ。そこに他者を認めることのできない愚かさが忍びこんでくる。

礼は往来を尚ぶ

――古典とことわざ・古典の言葉

暗誦

熟読唐詩三百首、不会吟詩也会吟
——唐詩をたくさん覚えれば、才がなくても詩が詠める

表題は、中国人としての教養を身につけるため、唐詩を学ぶよう勧める諺である。詩句をたくさん覚えれば、見よう見まねで、詩の一つや二つはひねり出せる。教師や父母が、子どもに古典を教えるときに使う。また、自分の書いた詩や文章を人にほめられて謙遜するときや、人の作品をけなすときにも使う。

この諺を耳にしたのは、一九九七年、東京。中国人のRさんに、国語教育についてたずねたときに教えてもらった。Rさんは日本に来て十五年になる。一九六〇年代、Rさんが小学生だったとき、お母さんは中学の校長だった。教育熱心で、娘のRさんに白居易の「琵琶行」など、たくさんの古典詩を暗誦させた。花が好きで、蠟梅《ろうばい》の鉢植えを大事にしていたというお母さんは、その後文化大革命で批判され、自ら命を断った。Rさんにとって、詩を学んだ思い出は幸福な子ども時代の

象徴であり、生きていく上で、心の支えになったようだ。
表題の諺は全国的に知られる。語句が異なるが、同じ意味の諺がたくさんある。例えば「好詩読下三千首、不会做来也会偸　良い詩をたくさん読んだなら、作れなくても詩が浮かぶ」。また、「不読李杜、哪有詩才　李白も杜甫も知らなくて、詩才も何もあるものか」ともいう。
中国では、よろず学習に無手勝流は許されない。絵も、上手な作品を写すところから始まる。北京の公園で、小学生たちが絵を描いているのを見たことがある。覗いてみると、驚いたことに、写生しているのではなく、手本の絵を写していた。まさに『論語』にいう「学而時習之《まねしてときにこれをならう》」なのだ。「天下文章一大抄　文はまねなり」（湖南）という諺が、この考えをよく表している。
日本の国語教育では、ほとんど暗誦をさせない。人まねをせず、詩も文章も自分の考えを素直に書くよう教える。
でも、Rさんがそうだったように、古典の暗記が役に立つこともある。高校生のとき、失恋をして落ちこんでいた友人が、古典の時間に『万葉集』の歌
「相思はぬ人を思ふは大寺《おほてら》の餓鬼の後《しりへ》に額《ぬか》づくがごと」（笠女郎《かさのいらつめ》）
を習って、「この人の気持ち、切実にわかる。昔からつらい人はいたんだ」といった。その後も、繰り返し歌を口ずさむことで、心が慰められたようだった。日本にも、古典を暗誦するような教育があってもいいのかもしれない。

禁じられた書物

老不看三国、少不看水滸
——年寄りは『三国志演義』を読むな。若者は『水滸伝』を読むな

表題の諺は、本当に読むのを禁止しているわけではない。

年寄りはもともと老獪なところがある。そのうえさらに権謀術数に満ち満ちた『三国志演義』を読めば、ますます老獪になる。また、血の気の多い若者が殺戮場面の多い『水滸伝』を読めば、ますます乱暴になる。だから読むのをやめておけというのである。つまり、面白さを知りつくしたうえで、その魅力に溺れてはならない、と逆説的に説いているのである。

『三国志演義』や『水滸伝』『西遊記』といった中国の古典は、日本でも広く愛読されている。ご本家の中国ではなおさらのこと。諺にも『三国志演義』などの古典を題材としたものが数多くある。表題の諺はその代表的なもので、全国的に使われる。

表題と同じような形の諺でよく知られるのが「男人莫看三国、女人莫看西廂　男は『三国志演

義』を読むな。女は『西廂記《せいしょうき》』を読むな」である。『西廂記』は男女の恋愛を主題とする。女性がこれを読んで、恋愛にうつつをぬかすといけないというわけである。親に隠れて恋愛物語に夢中になっている娘の姿が目に浮かんでくる。

一口に書物の諺といっても、諺により、禁じられた書物は少しずつ違う。ほかには『紅楼夢』や『聊斎志異』『二度梅全伝』『説岳全伝』などがある。これらの書物はさぞかし愛され、繰り返し読まれてきたのであろう。

ところで、同じ書物の諺でも、表題の諺とは違って本当に読むな、と警告する諺も数多くある。読むと悪い影響がありますよ、と注意する諺である。「看過封神榜、一生只擠謊、看過西遊記、到老不成器」『封神演義《ほうしんえんぎ》』を読むと嘘つきになる。『西遊記』を読むとろくなものにならない」の類である。

中国にはフィクションを嘘として軽蔑する伝統がある。「真三国、假封神、一部西遊騙死人」『三国志演義』はほんと。『封神演義』は嘘。『西遊記』はおおぼら」という諺もある。でも、嘘とはなんだろう。千年も昔、紫式部は「日本紀などはただ片そばぞかし」と書き記した（『源氏物語』）。『日本書紀』のような正史とて何ほどのものか。物語の中にこそ、人生の真実があるというのだ。それを思い起こすとき、中国と日本の文化の異質さをつくづく感じてしまう。

お返し

礼尚往来
——礼は往来を尚《とうと》ぶ

表題の句は、中国的な贈答の礼儀を表す。誰かに贈り物をもらったり、世話になったりしたら、後で相手を訪問し、お返しをする。それが礼儀だという意味である。出典は『礼記《らいき》』。諺ではなく、成語である。世話になったらお返しをせねばならないのは、日本も中国も同じだ。だが、返すやり方は大きく異なる。

この句を耳にしたのは、二〇〇一年六月、日本。知り合いの中国人、Yさんと食事をしていて、日本人と中国人の礼儀の違いが話題になったときだった。

「日本人に何かしてあげると、つぎに会ったとき、開口一番礼をいいます。どうして、もう終わったことをまた持ち出すのでしょう。それに、お礼の品が返ってくることもあって、冷たい感じがします」とYさんはこぼす。

わたしは、その二つは同じ意味だと説明した。日本人が、先回の礼をいったり、お礼の品を返したりするのは、貸し借りを清算するためだ。その都度、心の負担を断ち切るのである。

それを聞いても、Yさんは、日本式の良さを理解してくれない。表題の句を挙げ、「中国でもお返しは大事にしますが、ゆっくり後の機会を待ちます。中国は大国ですから。日本式は、冷たくて、心が狭い。小国だからです」という。

確かに違う流儀は理解しにくい。例えば、さほど多くない金銭を受け渡すとき、中国人は、信頼する相手なら、額を確認しない。眼前で確認するのは失礼だと感じ、後で足りないのに気づいても、心にしまっておくらしい。それを知った当初、不安を覚えた。渡したお金がそのまましまわれるのを見ると、日本式に確認してほしいとも思った。でも、別の見方をすれば、これはわたしが徹底的に信頼されているということだ。そう考えたら、ちょっと気が楽になった。

異文化を理解するのは難しい。でも、少しでも理解できると、それまで感じたことのなかった形で、他者と心がつながる瞬間がある。そういう体験が、異文化への親しみや、敬意を生む。お国自慢――ナショナリズム――は、偏狭になると異文化理解をはばむ。わたしも、ナショナリズムに囚われることがある。そんなときは、冷静な心が失われ、発想がステロタイプになるのがわかる。

わたしも、Yさんも、同じように異文化のはざまで揺れているのだろう。

藍より青く

青出於藍勝於藍
——青は藍より出《い》でて藍より青し

表題の句は、師をしのいだ弟子をほめるときに使われる。出典は『荀子』。成語に分類される。古典の詩や名句を、中国人はよく口にする。本来の意味を踏まえた上で、ウィットに富んだ使い方をすることが多く、現実の語感は諺に限りなく近い。

一九九八年初夏、東京。友人のKさんの結婚式でのことである。新郎のKさんは中国研究者で、新婦は中国人。太り気味のKさんは「美人の奥さんに逃げられないようにしろよ」などと友人たちに冷やかされている。

式の最後に新郎のお父さんから列席者への挨拶があった。会場はしんと静まりかえり、視線はお父さんとKさんに注がれた。そっくりな父子。でも、息子のKさんの方がお父さんよりひとまわり恰幅がいい。

そのときである。隣にいた中国人女性Hさんが「青出於藍勝於藍（出藍の誉れよね）」とささやいた。わたしは思わず吹き出してしまい、あわててまわりを見回した。

「此恨綿々無絶期　此の恨み綿々として絶ゆる期《とき》無からん」もよく耳にする。出典は白居易の「長恨歌」。この一句は玄宗皇帝と楊貴妃の悲恋の末尾を飾る絶唱である。たとえ天地が滅びても、二人の恨みは消えないというのだ。

一九九七年八月、湖北省の宜昌《ぎしょう》で会ったOさんは、自分の母親と奥さんの仲がうまくいかないのを愚痴り、お互いに陰々滅々とにらみあっている状態をこの一句で表現した。それなりに深刻な話である。でも、そのとき、わたしは不意にこみあげてきた笑いを噛み殺すのに苦労した。

身近な中国人の男性Rさんは、こんな例を教えてくれた。若い男性は、思いを寄せる女性から待望のラブレターをもらうと、よく「情書抵万金　艶書《えんしょ》万金に抵《あた》る」と周囲の友人たちに冷やかされるという。これは杜甫の詩「春望」の一句「家書抵万金（家書《かしょ》万金に抵る）」のもじりである。

また、奥さんや恋人に頭の上がらない男性は、うさ晴らしに「唯女子与小人為難養也　女子と小人は養いがたし」（『論語』）とぼやくのだという。

当意即妙に使われる古典。孔子様の高説も世紀の悲恋も、およそ高尚に構えた権威や悲劇が、庶民レベルでは生活に密着したユーモアに転化する。そこに中国人独特のセンスが息づいている。

虚栄

誰知盤中餐、粒粒皆辛苦
——誰《たれ》か知る盤中の餐、粒粒《りゅうりゅう》皆《みな》辛苦せるを

表題は、唐代の詩人李紳の絶句「農を憫《あわ》れむ」の「鋤禾日当午、汗滴禾下土（禾《いね》を鋤《す》いて日午《ひる》に当たり、汗は禾下《かか》の土に滴る）」に続く二句である。米を作る農民の苦労が並大抵でないことを歌う。この詩は広く知られ、諺と同じように使われる。子どもが食事をこぼしたり、食べ残したときに、表題の句を使って注意する。また、食べ物が無駄にされるのを見て、慨嘆するときにも使う。

この句を耳にしたのは二〇〇〇年七月、青海省西寧。回族料理のレストランで、同じ会議に出た数人の中国人と昼食をとっているときだった。西寧では、麵を一杯食べて食事を締めくくるのが習慣である。わたしも最後に麵を注文するよう勧められた。もうお腹が一杯だったわたしは必死で断った。それなのに他の人がかわりに注文し、やがて目の前に山盛りの麵が現れた。食べなければ好意が無になるけれど、一口も食べられない。レストランの喧噪の中で、わたしは困惑した。

そのとき、隣の席の、新疆から来ていたOさんが話しかけてきた。一部始終を見ていたのだ。彼は麵を指さして表題の句をいい、「食べ物は農民が苦労して作る。それなのに無理に注文して、箸もつけないまま捨てられる。こんなやり方はおかしい。でも、わたしたち中国人は今、だんだんそのことに気づきはじめています。それはわかって欲しい」と付け加えた。

その言葉を聞いて、わたしはほっとした。そして五年前、北京の美容院で、美容師たちが「この間、宴会で余った料理を日本人が箱に詰めて持ち帰ったの。あんな恥ずかしいことをよくやるわね」と笑っていたことを思い出した。

中国人は、家庭では食べ物を大切にする。でも、宴会は別だ。何よりもたっぷり量があって、必ず余りが出なければならない。料理が全部なくなると、もてなしが貧弱だといわれて、主人の体面に傷がつく。だから、最後の皿には手をつけないのが客の礼儀だとされる。家族で外食しても、料理を少し残さないと格好が悪いらしい。

でも、Oさんがいうように、中国人の意識は少しずつ変化している。そして、変化する意識を古くから伝わる言い回しが支えている。十三億人の食生活に日々内省を促す言葉。意識まで変えていく言葉。言い習わされた言葉の力に、わたしは感動を覚えた。

黄金の屋

書中自有黄金屋
——書中 自《おのず》から黄金《おうごん》の屋《おく》有り

表題の句は、二通りの使い方がある。一つは、本の大切さを強調する場合。もう一つは、字義通り、勉学に励めば、立身出世して富や権勢を手に入れることができる、だからよく勉強せよ、と諭す場合である。

句の出典は北宋の第三代皇帝、真宗《しんそう》の勧学詩。「安居不用架高堂（居を安んずるに高堂を架《か》するを用いざれ）」に続く一句である。全国的に知られ、諺と同じように使われる。

この句は、小学生のとき、漢文の読み下し文の形で覚えた。当時、わたしは教師をしていた父から、時折、漢文の素読のまね事をさせられた。すでに高学年だったせいだろう、解説されなくても意味はおおよそわかった。富を得るために勉強せよという内容に比して、勧学詩の文体は仰々しい気がした。それでも、きらきら輝く黄金の邸宅のイメージはすてきで、ずっと頭に残った。

表題の句を中国語で耳にしたのは、二〇〇〇年五月。友人の中国人の女性、Oさんと話しているときだった。

Oさんは来日して十年目。夫は昔読んだ本をたくさん中国から持ってきていて、「狭いし、邪魔だから捨てて」と頼んでも決して捨ててくれない。ところが、本は置いておけば必要なことが出てくる。そして、古い本でも必ずなにがしかの役には立つ。そんなとき、夫は棚の奥から懸命に目当ての本を捜し出し、得意満面で表題の句を挙げて、「やっぱり本は大切にしなくては」というのだそうだ。

Oさんからこの話を聞いたとき、わたしは思わず笑ってしまった。昔習った勧学詩と、イメージの落差が大きかったからである。

漢文訓読には独特の語調がある。漢文の読解は決して嫌いではなかったが、感傷的で悲愴感を含んだ語調に、わたしはなんともいえぬ生理的な違和感を抱いた。時折、街頭で哀調を帯びた軍歌の調べを聞くと、ふとあの訓読の語調を思い出す。それはサムライふうの「男の世界」に通じていて、女であるわたしはその気配に反発を覚えるのかもしれない。

でも、その世界はあくまで日本だけのもので、中国とは別世界の産物だ。表題の句を中国人が陽気に使うのを耳にしたとき、わたしは長年の呪縛が解けたような軽やかさを感じた。

二人は同じ枯れすすき

同是天涯淪落人、相逢何必曾相識
――同じく是れ天涯淪落《りんらく》の人、相逢《あいあ》うは何ぞ必ずしも曾《かつ》て相識《そうしき》のみならん

表題は、唐代の詩人白居易の名詩「琵琶行」中の、さわりの文句である。不遇な者どうしが偶然出会い、心を通わせた情況を表すときに使う。同性どうしではなく、男女の出会いについて用いる。白居易がこの詩で描いたのが、女の琵琶芸人との出会いだからだ。

白居易の字《あざな》は楽天。元和十年（八一五）、四十五歳のとき、九江郡（現在の江西省九江市）の司馬という閑職に左遷された。翌年の秋、白居易は客の旅立ちを見送るため、長江の支流、湓水《ぼんすい》の河口にやってくる。船中で別れの宴を開くが、音楽がないため、宴が盛りあがらない。心浮き立たぬまま別れを告げようとしていると、ほかの船から琵琶の音が響いてくる。その音色に、主客ともども色めき立ち、飲み直すことにした。

船を近づけ、こちらに来て琵琶を聞かせてほしいと声をかけたが、弾き手は顔を出そうとしな

い。それでも、声を限りに呼んだら、最後には弾き手の女が姿を現し、こちらの船に移ってきた。みなの前に座り、弾きはじめると、すばらしい腕前だった。ひとしきり奏でた後、女は問わず語りに身の上話を始める。女は若いころ都長安で芸妓をしていた。容姿に恵まれ、琵琶の腕前も優れていたので、売れっ子として華やかに暮らしていた。しかし、容色の衰えとともに落ちぶれて、商人の妻となった。昔を思うと、今の暮らしは寂しくて涙が流れるほどだ。しかも、夫は商売柄、旅に出て留守のことが多い。その晩も、一人、船を守っていたのだという。

身の上話を聞いて、白居易は自らの境遇と重ねあわせ、女と心が通じあうのを覚える。表題の句は、白居易が女の身の上話を聞いて、共感を覚えた部分である。

この句を初めて聞いたのは、二〇〇二年、浙江省寧波《ニンポー》で開かれた学会に参加したときだった。学会の中日《なかび》、バス見学で梁祝《りょうしゅく》公園へ行った。

「梁祝」は、「梁山伯《りょうざんぱく》と祝英台《しゅくえいだい》」の略称で、中国の四大伝説の一つ。シェークスピアの「ロミオとジュリエット」に似た悲恋心中譚で、梁山伯がロミオ、祝英台がジュリエットにあたる。浙江省を含め、南方にはこの伝説にまつわる地が多く、梁祝公園には梁山伯を祀った廟や、二人の墓と伝えられる比翼塚《ひよくづか》があり、手近な観光地になっている。

日程表には、自由行動の後、バス発着所に四時半集合と書いてあった。ところが、集合場所に行ったら誰もいない。時刻は、一時間繰りあげられていた。時間変更は事前に主催者側からアナウンスされていたのに、見物に夢中になって忘れていたのである。

ぼう然と立っていたら、向こうから中年の男性が近づいてきた。声をかけてみると、吉林省から来た、同じ団のSさんだった。Sさんも同じく勘違いで遅刻したのである。主催者側の手配で指定のレストランにたどりついたとき、わたしとSさんを除き、他の参加者はもう食事を終えていた。なんとなく意気阻喪して、Sさんと二人、隅で食事をとっていたら、知り合いらしい人が、通りすがりに声をかけてきた。Sさんはその人にわたしを指し、大声でこの句を叫ぶと豪快に笑った。偶然の出来事による、男女のさえない差し向かい……。表題の句にぴったりの情況だったので、わたしは思わず吹き出した。それとともに、Sさんが、こみいった情況を一切の説明抜きで伝えたことに感心した。

中国人は古来、詩を文学の精華として重んじてきた。詩を学ぶことは、教養人として不可欠の要素であった。現在の中国でも、詩は健在だ。村などへ行って、昔話の語り手に語ってもらうと、南北を問わず、一つの句に何人もが下の句をつけて優劣を競うなど、詩を題材にした話が多数出てくる。それらはどこへ行っても聞くことができるので、詩を詠んだり、使いこなしたりすることは、中国人の心の奥底に潜む強い憧れであり、生活の一部になっていると感じられる。表題の句も、誰もが知る有名な句であり、Sさんが特別の教養をひけらかしたというわけではない。

中国は、広大な国土に多くの民族が住み、多様な方言が用いられる複雑な国だ。たとえ同じ中国人どうしでも、意思疎通が難しいことが多い。言葉の上で、この多様な人々をつなぎとめている文化的基盤が漢字だ。そして、心をつなぎとめているものがあるとすれば、その重要な一つは詩を中心とする古典だ。詩の一句ですばやく情報が伝わり、同時に機知と文学性をみなで共有する瞬間は、心楽しい。

それにしても、訓読の読み下し文は意味がとりにくい。表題の句をやさしく説き明かせば、こんな感じだろうか。

「さすらいの空に出会いし君とわれ　旧友《とも》のみにあらず心知る人は」

ことわざ三国志

中国で暮らしていると、『三国志演義』がとても身近に感じられる。関羽を祀った関帝廟は各地にあるし、テレビドラマとして放映される『演義』を見る機会も多い。日常の会話の中にも『演義』にまつわる言い回しや諺がよく顔を出す。それらを耳にすると、さすが本場だなあと楽しくなる。

例えば「万事倶備、只欠東風　万事つぶさに備われど、ただ東風を欠く」。呉の周瑜は蜀と連合し、魏の曹操の兵船を焼き討ちしようと計略を練る。だが、この計略は東風が吹かなければ成就しない。諸葛亮は術を使って東風を吹かせ、曹操の兵船を焼き払う。この言葉は『演義』全編の山場、「赤壁の戦い」のキーワードなのだ。

今では、残るは最後の関門、それを越えさえすれば成功、というときに使われる。大学から外国へ留学が許され、渡航の準備をすべて終えた知り合いの男の先生が、「あとはビザが下りるのを待つだけ」といって、この句を付け加えたのを覚えている。

「賠了夫人又折兵　嫁は奪われ兵も失う」もよく使われる。孫権は妹とめあわせるという名目で劉備をおびきよせ、とらえようとする。でも、諸葛亮の計略で、嫁取りに成功。追いすがる呉軍を討ち払う。

この言葉は「泣きっ面に蜂」、損がさらに損を呼んだときに使われる。知り合いの女性が引っ越したとき、隣の家に贈り物を持っていって挨拶した。ところが、気を遣ったのにつきあいがうまくいかない。後でこの句を言ってぼやいているのを聞いたことがある。

このほか、「説曹操、曹操到　噂をすれば本当に曹操が現れた」や、「三箇臭皮匠、頂箇諸葛亮へぼな靴屋も、三人寄れば諸葛孔明」がある。前者は「噂をすれば影」、後者は「三人寄れば文殊の知恵」にあたる。このように、諸葛亮や曹操の名は、中国人の生活に溶けこんでいる。

ところで、中国の日常で一番頻繁に顔を出す『演義』の登場人物は誰だろう。意外なことに、それは諸葛亮でも劉備でもなく、阿斗《あとう》なのだ。阿斗は劉備の息子、劉禅の幼名。蜀を滅亡させた暗君である。蜀が滅びた後も魏から捨て扶持をもらって生きながらえ、祖国の音楽を聞いても、悲しみもせずに機嫌良く笑っていたという。

阿斗の名を出すと、中国人はたいてい笑って自分の思い出を話してくれる。例えば、友人の女性は「弟が宿題をやらずに遊び呆けていたりすると、いつも父が「你簡直象阿斗一様没出息（お前はまったく阿斗みたいに出来が悪い）」と叱っていました」という。

阿斗は常に、最大の反面教師として、無能者の代表として語られる。でも、わたしが『演義』で一番好きなのは、実はこの阿斗である。阿斗のいない『演義』なんて、塩気のないお汁粉のようなものだ。彼が降伏せず、勇ましく戦って敗れたりしたら、『演義』はどんなに平凡な小説になっていたことか。それに、現実の阿斗は降伏するとき、きっと苦しんだと思う。

「身から出た／サビが翼にこびりつき／神さま僕はもう飛べません」（寒川猫持）

――こんな心境ではなかったか。

でも、今のところ、わたしの阿斗擁護論に賛同してくれる人はいない。わたしは孤独なのである。

ことわざが語る人間模様

異国にありて

命裏無時莫強求
——運命《さだめ》になければ諦めよ

中国人と話していると、運命についての諺を耳にすることが多い。

例えば、毛沢東を話題にするとき、「こんな広大な国を統一するなんて、そういう運命だったのでしょうね」といって、「由命不由人　人よりも運命《さだめ》」と付け加えたりする。

年齢や性別を問わず、運命を信じる中国人は多い。一九九六年八月、北京で会った二十代の女性民俗学研究者Yさんは、運命の諺についてこんな話をしていた。

小学生のとき、担任の先生が、クラスの生徒に、「生死有命、富貴在天　生き死にも富貴も運命《さだめ》」という諺を知っているかどうかたずねた。すると、なんと全員が知っており、しかも、本当のことだと信じていた。先生は衝撃を受け、〝迷信〟を信じないよう、Yさんを含む全員に反省文を書かせたという。

確かに、「命裏只有八合米、走尽天下不満升　米八合の運命なら、どうやっても一升に満たない」などという諺は、学校教育で取り上げることはできないだろう。しかし、実際にはだれもが知っている。

表題の諺も、よく知られた運命の諺だ。

この諺は、二〇〇三年三月、埼玉県に住むSさんから聞いた。Sさんは上海出身。長身の、美しい人である。一九九〇年代に来日。日本人の夫との間に男の子がいる。

Sさんは精神的に不安定だった。原因は、夫婦の気持ちのすれ違いらしい。夫は仕事熱心で優しい。でも、言語や文化の異なる国際結婚は、同国人どうしの結婚とは違う微妙な問題をはらむ。

同じ中国人どうしで悩みをうちあけられないのも、一つの原因らしかった。わけを聞くと「外国に来て地歩を築こうとすれば、並々ならぬ努力が必要です。みな自分の生きる道を模索するのに夢中だから、他人のことまで思いやる余裕がないのです」という。このとき、Sさんは強い口調で「各人自掃門前雪、莫管他家瓦上霜　我が家のために雪かきしても、よその家なら霜も払わぬ」と付け加えた。寂しそうだった。

香港の俳優、レスリー・チャン（張国栄）が自殺したとき、Sさんは「彼の気持ちは身にしみてわかります。とびおりた瞬間は、本当に死にたかったのでしょう」といって涙ぐんだ。わたしは、国際結婚の難しさを改めて考えさせられた。

それでも、最近、Sさんは落ちつきを取り戻した。きっかけは上海への里帰りだった。様子をたずねてみると、母親はSさんにこの「命裏無時莫強求　運命《さだめ》になければ諦めよ」という諺を繰り返し教えたという。Sさんも、この諺を胸に刻んだようだった。諺は、Sさんが気持ちを整理するきっかけになったのである。

この諺は、日本の「人間諦めが大事」とは性質が違う。「人間諦めが大事」は、単に諦めを説くだけだ。しかし、「命裏無時莫強求」は、本来対句であり、前後に「命裏有時終須有　運命《さだめ》は必ず現れる」の一句をともなって使うことが多い。持って生まれなかった運命については、きっぱり諦めた方がいい。でも、反対に、持って生まれた運命ならば、どんなことがあっても必ず成就するという意味なのだ。

Sさんは、「今に、学校を作りたい」といっている。Sさんが考える学校は、主に日本人と国際結婚した夫婦が対象だという。日本人と結婚した外国人の中には、日本語を学びたいという人がいるだろう。生まれた子どもに中国語を教えたいと考える人もいるだろう。もちろん、中国語を学びたい日本人が来てもいい……。「今はまだ夢ですけど」と笑顔で語るSさんを見て、わたしは気持ちが軽くなるのを覚えた。

そのSさんは、中国で新型肺炎が流行しているニュースを、祈るような気持ちで見ている。一般的に中国の衛生状態は良いとはいえない。肺炎の流行を防ぐため、街で消毒が行われている場面を見ながら、Ｓさんは、「好了傷疤忘了疼　ケガが治れば痛みを忘れる」という諺を使い、「今回の出来事を忘れることなく、今後はふだんから清潔を心がけるべきです」といった。

交通と通信が便利になって世界はすっかり狭くなった。外国人の配偶者と異国で暮らしながら故国に思いを馳せる運命。そういう人生を選ぶ人々は、これからますます増えていくだろう。

「万葉も古今も知らぬ我が夫《つま》を愛せどもなおさみしかりけり」（米国・河合伸子）

Ｓさんを見ていると、わたしはそんな歌を思い出す。

ある一族の没落

二十年河東二十年河西
――時ゆけば幸《さち》は移ろう

表題の諺は、もとは、今、川の東にある風水の良い場所も、二十年もたてば川の西に移ってしまうという意味で、人の世の栄枯盛衰や、運命の変転を形容するときに使う。同じ意味で、より説明的な「二十年風水輪流転　時とともに幸は巡る」という諺もある。どちらの諺も、時の幅はまちまちで、三年、十年、三十年など、いくつも言い方がある。

風水とは、河川や山脈などの地勢や、陰陽五行を考えあわせ、住居や埋葬地を定める術で、その善し悪しが、人の禍福吉凶を決定すると考えられている。

この諺を耳にしたのは、二〇〇四年一月。上海生まれの女性Sさんと話をしているときだった。風水の話になったとき、Sさんはこの諺を挙げ、最近、香港の有名な風水師（占い師）が、これまで良い風水は日本にあったが、今後二十年は中国に巡ってきて、そのつぎの二十年はインドに転じていくと語っている、といった。

風水が転じるときは、必ずきっかけがある。Sさんはお母さんのTさんから聞いたというT家の先祖の話をしてくれた。

Sさんによると、T家の初代当主は、清末に広東で役人をしていたという。位は四品官で、当時のT家ははぶりが良く、子宝にも恵まれ、正妻には数人の息子と娘がいた。

その当主に、二安人《アルアンレン》という妾がいた。二安人は呼び名で、「二」は第二夫人、「安」は平安を表す。二安人には女の子が生まれた。十一か月めに、正妻の娘が赤ん坊を抱きあげて落花生を食べさせた。まだ十七歳だった娘に悪意はなかった。でも、赤ん坊は落花生を喉につまらせて死んだ。二安人は逆上し、棒を持って娘を追いかけた。娘が寝台の下に逃げこむと、二安人は手にした棒で突き、それが心臓に突きささって、娘は絶命した。

娘を殺しても二安人の怒りは収まらなかった。二安人はT家の墓へ行き、墓の向きを変えた。墓は風水に適うよう設計されている。向きを変えられて、風水に変化が生じ、T家は傾きはじめた。

T家の二代目は横浜で生まれ、大同学堂で梁啓超《りょうけいちょう》に学んだ秀才だった。貿易にたずさわり、横浜では海産物、湖北省の漢口では日本雑貨の店を経営していたが、アヘンを吸うようになり、女遊びに溺れた。その後、横浜の店は関東大震災で壊れ、漢口の店は日貨不買運動で焼き打ちに遭った。残った財産も琵琶芸人上がりの妾が男を作って持ち逃げした。こうして、T家は没落したという。

二代目はSさんの曾祖父にあたる。二安人とT家の没落を語る物語は、百五十年後の子孫Sさんまで語り継がれているわけだ。

埋葬地の状態を変えたことが一族の没落につながったという話を、日本人が実感を持って理解することは難しいだろう。日本には、家の方位を定める陽宅風水に相当する家相占いはあるが、理想の墓を目指す陰宅風水に相当するものはないからだ。

でも中国では、今も風水は健在だ。例えば、蘇州には上海の人の墓が多い。蘇州は風水が良いというので、上海からわざわざ葬りにくるのだという。

墓には気を遣うから、二安人のように、墓に手を加えたために風水が変化し、家が傾いたと説く世間話は無数にある。例えば、つぎのような話である。

貧しい科挙受験生がいた。両親を亡くしたが、金がなくて、手近な場所に墓地を買うことができなかった。しかたなく、息子は高い山の頂上に墓地を買って親を埋葬した。親を葬ってから、ほどなく息子は進士に合格し、出世して雲南按察史になった。息子は二千両の銀を費やして、山の上の墓まで、長い階段を造らせた。すると、一人の風水師がいった。この墓の風水は、もともと燕が梁《はり》の上に巣を作っている形だったから、安全であり吉相だった。だが、今や長い蛇が巣に入りこんでいる形になり、風水は転じた。きっと災いが起こるだろう。その後、息子は賄賂を受け取った罪で職を解かれ、財産を没収された（『清稗類鈔《しんはいるいしょう》』方伎類）。

　二安人は実在の人物である。だが、その言い伝えは、右のような多くの風水の世間話とつながっている。

　二安人のことを、Ｓさんは身近な人のように話す。「妾の常として、二安人は美しい人だったでしょう。それに、二安人という呼び名は優雅だから、教養ある女性でもあったと思います。でも、妾はしょせん日陰の身です。苦労も多く、恨みも積もっていたのでしょう」。Ｓさんは、一九八〇年代、中国での職を捨て、海外に出た。苦労したから、二安人に共感を覚えるのだろう。

　背後の文化とつながるとき、一つの家の没落の歴史が再編成され、時をこえて普遍化する。そのとき、登場人物は現実から離れて、劇的な伝説の人へ昇華し、人々の心に生きつづけるのだ。

悲しみの家

清官難断家務事
——どんな名裁判官も、家のごたごたは解決できない

表題の諺は、全国的に知られる。事件の解決ならお手の物の名裁判官でも、夫婦げんかや嫁姑のいさかい、子どもの問題など、家の中の難問は解決できないという意味だ。

「清官」は、清廉潔白、公正で有能な役人（ここでは裁判官）を指す。清官についてたずねたら、「包公」あるいは「包青天」と答える中国人が多いだろう。これは、宋代に実在した役人包拯《ほうじょう》の尊称で、青天とは清官のことをいう。

包拯の裁きは、在世中から定評があったらしい。後に『包公案』など包拯を主人公とした小説が作られ、芝居にも取り上げられて、名裁判官の代表となった。包拯の物語は日本にも伝わり、江戸南町奉行大岡越前守を主人公とする『大岡政談』などのもとネタにもなっている。

こんな名裁判官でも、家のごたごたは解決不能だというのだ。

この諺は、他人の家について、よその事情はわからないから、もめ事があっても軽々しく首をつっこむべきでないと戒めて使うことが多い。

一句加えて、「一家不知一家事、清官難断家務事　よその家の事情はわからない。〈後略〉」（吉林）などと使われることがある。この使い方には、「別多管閑事（よけいな事にはかかわるな）」という意味がはっきり出ている。

おせっかいを戒めるだけではなく、自分の家の事情を嘆くときにも使う。この場合は、「家家都有本難念的経　悩みのない家はない」と似た意味になる。

二〇〇六年三月、中国人のJさんが妹のことについて話していたとき、この諺を使うのを耳にしたが、そのときはこちらの意味だった。

Jさんは上海の女性で、このとき、わたしはJさん夫妻と家族旅行をしていた。この日は旅行の最終日で、静岡から東京へ向かう電車に乗っていた。

Jさんの妹は幼いときから抜群の秀才で、上海の名門F大学を卒業後、S医科大学の教員になった。その後、職場の上司に見こまれ、学位を取得するため、アメリカのK大学B校へ派遣された。

渡米後、博士の学位取得を目指して勉学中、異変が起こった。妹は国際電話で、ルームメートのアメリカ人女性が、自分宛てに来た手紙を盗み読みする、と訴えてきた。ところが、その女性は、手紙を読むどころか、中国語はできないのだ。妹は、心を病んでいた。

帰国した妹を、一刻も早く治療に専念させることが何より大切なのは明らかだった。ところが、一番難しかったのは、父母にその事態を納得してもらうことだったという。両親は、治療を受け、病気が周囲に知られれば、娘は仕事を失い、結婚もできなくなるのではないかと心配したらしい。

幸いなことに、父母の心配は半分杞憂に終わった。治療の結果、妹の病状は安定し、別の職場で新たに仕事を始めることもできたという。それでも、結婚の可能性は遠ざかったらしい。

中国では、人は結婚してはじめて一人前になるという考え方が、日本より根強い。父母は妹を不憫に思っていて、悲しみが完全に癒える日は来ないと思うと気が重い、といいながら、Jさんは噛みしめるような口調で表題の諺を付け加えた。

年をとれば、消えることのない悲しみを、誰しも一つや二つ抱えている。先日電話してきた友人も、思い通りにいかない子どもの悩みを話し、「すうっと影のように消えることができたらどんなにいいか」などとつぶやいていた。

トルストイは、小説『アンナ・カレーニナ』の冒頭で、幸福な家庭はどれも似たようなものだが、不幸な家庭のありさまはそれぞれ異なる、という意味のことを書いている。家庭の悩みは千差万別だ。

その悲しみを、この諺は一言で言い表す。人が使うのを聞けば、その人の悲しみも一瞬で伝わってくる。この諺とともに、Jさんの妹のことは、わたしの心に残った。

悲しみは、人と共有することで少し楽になる。話す側にとっても、この諺は癒しになるはずだ。

諺は、消長が激しい。一時期は使われても、時代が変わり、人の心にそぐわなくなれば、多くが死語となり忘れられていく。そんな中で、この諺が忘れられることなく使われてきたのは、常に悲しみに寄り添い、心をつないできたためかもしれない。

二〇〇八年春、上海でJさんと再会した。Jさんは、電車の中の会話をもう忘れていた。でも、諺とともにそのときのことを書いていいかたずねたら、わたしが妹のことを二年間心に留めていたことに驚き、ちょっぴり嬉しそうな顔をしてくれた。

信仰

信則霊、不信則不霊
——神のおわすおわさぬは信心次第

表題は、神など超自然的な存在は心の迷いで、信じなければ存在しないと説く諺である。日本なら、「鰯《いわし》の頭も信心から」にあたるだろうか。ただ、日本と違って、多くは宗教を否定したり揶揄したりするときに用いられる。もっと直截に、「鬼神本心造、勿信自然無　神やお化けは想像の産物。いないと思えばいない」（浙江）などともいう。

この種の諺はたくさんある。例えば「供起来是菩薩、玩起来是泥　まつれば神様、ふれれば人形」（湖北）「人係生成、鬼係画成　人は母から、鬼《ゆうれい》は絵から生まれる」（浙江）などがそうだ。

中国でも、信仰の自由は憲法で保障されている。だが、建前は今も社会主義国だから、宗教は排斥される傾向がある。学校など教育の場では、はっきりと宗教を信じないように教えることが多い。そのせいもあって、表題の諺は中国ではよく知られる。

ところが、信仰を持つ中国人は少なくない。肯定的に教えられたことはないはずなのに、なぜ宗教に近づくのだろう。学校での教育は、忘れ去られるのだろうか。かねてそんな疑問を抱いていた。そんな疑問を氷解させたのが、中国人女性、Sさんとのつきあいである。

表題の諺を耳にしたのは、二〇〇五年夏ごろ。Sさんと話しているときだった。

Sさんは一九六三年、上海生まれ。かつて上海の名門中学で国語教員をしていた。

生徒はかわいく、教えるのも好きだったが、数年たつと、教員の仕事が重荷に感じられてきたという。Sさんによれば、国語教員は毎日遅くまで生徒の宿題の添削をしなければならない。年頃だというのに恋人をつくる暇もなくて、一度きりの青春を、仕事に埋没させたくなかったという。

Sさんは一九八九年、二十六歳のときに教師を辞め、南米ボリビアへ渡った。

Sさんが国を離れた背景には、改革開放政策が加速する前の出国ブームがあった。当時、「外国的月亮比中国的円　外国の月は中国より明るい」という諺がよく使われた。これは、田舎の人間が都会を羨む諺、「城裏的月亮比郷下的円　町の月は田舎より明るい」のもじりで、「外国の物はすべて中国よりすばらしい」という意味である。

だが、出国はしたものの、成功への糸口はつかめなかった。一九九一年、Sさんはボリビアから帰国、翌九二年に来日した。来日後は、レストランやスーパーなど、色々な場所で働いたが、よそ者としていわれなき差別を受けることもあったという。

人は、自己に対して不安を持つものだ。信仰を持つことで、不安はやわらげられたり、癒やされたりする。その後、Ｓさんは台湾から来た留学生に誘われて、プロテスタントの一派に入信した。主として台湾と、大陸の福建省出身の信者たちからなる教団だったという。

教会通いは数年間続いた。入信していた期間は、Ｓさんによれば、異教の習慣だという理由で門松など正月飾りも付けなかった。

だが、そんなＳさんも徐々に気持ちが冷めた。指導的立場にある信者が、大陸出身者を見下すような言動をとることに、不信感を抱いたことがきっかけだったらしい。ところが、教会に行くのをやめようとしたら、周囲から「地獄に墜ちる」といわれ、葛藤で精神が不安定になった。

「地獄に墜ちる」といわれれば、恐怖を感じてもおかしくない。信じていた教義に対する疑念も生じただろう。「恐怖」を感じた時点で、Ｓさんがその教団にいる意味はなくなったのかもしれない。

そのころ、Ｓさんが我が家に来たことがある。Ｓさんは、「地獄に墜ちる」可能性について、考えこんでいるようだった。本棚に置いてあった聖書に目を止め、わたしが信仰を持っているかどうかたずねた。信仰はないと答えたら、「千野さんにとって、墜ちる地獄は存在しないわけですね。神が本当にいるなら、わたしだけ地獄に墜ちるのは、変ではないでしょうか」とたずねた。半分泣き、半分笑っているような話し方だった。わたしは、「確かに、理屈からいえば、地獄に墜ちるのは信仰心のないわたしのはずです」と答えた。

その後、Ｓさんは教団を離れた。

教団を離れるにあたり、Ｓさんには大きな精神的苦痛があったと思う。心が揺れて、涙を流している姿を何回も見た。

それでもＳさんは徐々に元気を取り戻し、あるとき「もう恐くなくなりました。大丈夫です」といった。そして、表題の諺を挙げ、何度も繰り返した。

今、Ｓさんは完全に立ち直った。市役所の相談員を引き受けたり、地域の中国語教室で教えたりで忙しい。悩みを克服し、ひと皮むけて、精神的にも強くなったようだ。はつらつとした姿を見ると、嬉しくなる。

宗教に対する省察でＳさんを支えたのは、学校教育でもなく、偉大な哲学者の思想でもなく、一つの諺だった。

諺は、古い、ありきたりの思想しか表さない言葉として、ばかにされる傾向がある。特に、若い人たちはそうだろう。でも、人生経験を積むうち、それまで陳腐としか思えなかった諺が、真実を突いていると感じられる瞬間がある。年をとって、わたしは諺を恐れるようになった。

「神はあらね摂理はあると影のごとふと隣人の呟きにけり」（葛原妙子）

神は天上ではなく、日常のありふれた言葉に棲むのかもしれない。

残照の人

回光返照
――沈む夕陽の名残の光

表題の成語は、古い事物が滅びるまぎわ、いっとき勢力を盛り返すさま、あるいは死期の近づいた人が、一時的に生気を取り戻すさまを形容するのに使う。

もとの意味は、太陽が地平線に沈んだ直後の名残の光のことである。古くは自己反省の意味で使ったらしいが、今では普通そのような用い方はしない。

この成語を初めて耳にしたのは、一九九五年。北京で日本語を学ぶ中年男性Tさんが、Rさんという老人について語ったときだった。

Rさんは、Tさんの日本語の先生である。Tさんは大学を出ておらず、外国語を学ぶ機会がなかった。仕事についてから日本語に興味を持ち、Rさんの個人教授を受けて勉強してきた。Tさんの実家は西単《シータン》にほど近いT胡同《フートン》（横町）にあり、Rさんは向かいの家の住人だった。

Tさんは、Rさんについてつぎのように語った。

Rさんは、一九三〇年代に日本に留学した。東京で学び、新宿の柳町に下宿していたらしい。帰国後は日本語を生かし、天津で日本人の経営する会社の通訳をしていた。電気製品を作る会社だったという。だが、その経歴によって、戦後は「漢奸《かんかん》」（民族の裏切り者）のレッテルを貼られ、一生日陰の道を歩んできた。

子ども運にも恵まれなかった。子どもは四人いたが、最も優秀だった長男は、溺れた人を助けようとして自分も水死した。長女は文化大革命中に青海省に下放して地元で嫁ぎ、北京に帰らなかった。家には下の息子二人が残ったが、酒癖が悪く、酔えばけんかをするので、胡同では評判が良くない。

一度、Tさんに誘われて、Rさんの家に行ったことがある。Rさんはすでに八十歳を越していたが、頭ははっきりしており、耳も良く、少し古風だが流暢な日本語を話した。ただ、高齢で視力が低下しているせいか、表情は暗く、生気に乏しかった。

半年ほどたって、またTさんに会った。このとき、Tさんは、Rさんが白内障の手術を受けて視力を回復し、驚くほど元気になったことを告げた。

それまでは、道ですれちがっても反応がなかったのに、今では二〇メートルも先からこちらに気づいて挨拶してくれる。劇的な変化に、胡同の住人たちも驚いているという。そんなことをいってから、Tさんは、いたずらっぽい目をすると、声をひそめて表題の成語を付け加えた。

不幸な老人の、最晩年の輝き……。

Rさん本人に対しては、まちがっても使うことはできない。でも、この成語は、老人の情況をあまりにぴったり表現していた。しかも、その遠慮のない口ぶりからは、Rさんに対する親愛の情が一瞬で伝わってきた。わたしは、突然嬉しさとおかしさがこみあげて、笑い出してしまった。

Tさんは、Rさんの学識を、穏やかな人柄も含め、とても尊敬していた。かつて日本へ留学した人で、出世した人はたくさんいる。世が世なら、Rさんも能力を発揮して活躍できただろうに、惜しいことだと繰り返し語っていた。胡同に住む、T家以外の人たちも、同じようにRさんの不遇を惜しみ、Rさんのささやかな幸福を喜んでいるという。

決してエリートとはいえないTさんだが、わたしには、この成語が、Tさんの飾らない人柄と、胡同の人間関係のあり方を伝えてくれたように感じられ、今も忘れがたい。同じ北京でも、高層住宅に住む人たちは、隣人について何も知らないことが多い。でも、胡同では、日本でいえば、下町やかつての長屋の住人たちのような、こまやかなつきあいが続いているようだった。

オリンピックで、胡同の家は多くが取り壊されたと聞く。T胡同は残っているだろうか。R老人は、元気だろうか。

「人おのおの生きて苦しむさもあらばあれ絢爛として生きんとぞ思ふ」（尾崎左永子）

日本の女

北京の知り合いに、中国人の夫妻がいる。ご主人のSさんは日本語学習が趣味なので、お宅に伺うと自然と日本の話題になる。二〇〇〇年の冬に会ったときは、日本女性の話が出た。「中国人の男の夢は、「住美国楼房、喫中国菜、娶日本妻子、找法国情婦　アメリカの家に住み、中華料理を食べ、日本人の妻を娶り、フランス人の愛人を持つこと」だというのを知っていますか。千野さんは世界に冠たる日本人妻なわけですね」。

この言葉の原型は、作家林語堂の自伝、『Memoirs of Octogenarian』(一九七三。中国語訳『八十自敍』)に出てくる。原文は、「The ideal of a cosmopolitan life is to have an English cottage, American plumbing, a Chinese cook, a Japanese wife and a French mistress.（国を問わずに暮らすなら、理想の生活は、イギリスの別荘《コテージ》にアメリカのガス水道がつき、中国人コックがいて、日本人の妻

と、フランス人の愛人を持つことだ）」である。

中国人の理想の生活を言いあてているからだろうか。諺と同じように流布して、色々なバージョンがある。例えば、給料に不満のある人は、「住美国楼房（アメリカの家に住む）」を「拿美国工資（アメリカ並みの給料をもらう）」に換えたり、外車に憧れる人は、「開徳国車（ドイツ車に乗る）」という一句を加えたりする。

興味深いことに、アメリカの家、中華料理、フランスの愛人が省かれることはあっても、日本人妻が省かれることはない。中国では日本女性は良妻賢母の代名詞で、引く手あまただ。でも、この言葉を聞くたびに複雑な気持ちになってしまう。

わたしは夫妻に、知り合いの高齢の日本人女性、Mさんの話をした。Mさんの夫は、高名な学者だった。

医者で評論家の故松田道雄は、「日本の学問をささえているのは、学問の魔ものと、それにサービスする女性だ」（「女性と学問」）と書いている。

松田によると、学問の魔物に魅入られた男は、学問以外は何もしない。何もしないでいられるのは、妻という献身的な女性がいて、魔物と男性の両方につかえてくれるからだという。

Mさんの夫も、学問の魔物に魅入られた男だった。Mさんは、夫と家族のためにつくした末、難病で倒れた。意識が戻ってから、Mさんはふしぎな夢の話をした。

山の上から、滝のように市松人形が流れ落ちてくる。すべて首が曲がったり、手がもげたりした人形たちだった。つぎに、バスに乗って冬枯れの野に行った。遠くに斎場らしい白い建物がある。建物からは一筋の煙が上がり、三々五々お弔いの人が入っていく……。「見渡す限りの枯れ野原だった。青いものは一本もなかったね……」Mさんは声をふるわせた。

「日本の女の足袋《たび》のもつ白さ無垢なるゆえに忍従の色」（岸上大作）

夢の話を聞いたときから、壊れた人形はMさん自身で、冬枯れの野に見たのは、Mさん自身のお弔いのような気がしていた。決して逆らわず、夫と家族につくしたMさん。良妻賢母は自己犠牲の上に成り立っている。だから、心身は蝕まれる。林語堂の言葉は、そんなMさんの世代までの日本女性を念頭に置いていると思う。夫妻は夢の話に耳を傾け、わたしの感じ方に驚いたようだった。

Mさんの話は、甘栗のことを思い出させる。以前、天津出身の人に、「天津甘栗は安くておいしいですね」といったら、「あれは輸出用で、庶民は屑栗しか食べられません」と返されたことがある。

日本の良妻賢母と、中国のおいしい甘栗はよく似ている。どちらも皆にほめられる。でも、その美名は、ともに苦い犠牲の上に成り立っている。

書とことわざ

暮らしの中の書

中国を旅する楽しみの一つに、身辺にあふれる書を味わうことが挙げられるかもしれない。中国は漢字の国、そして書の本場である。能書家が多いせいであろう、ちょっとした看板や額の文字も日本とひと味違う見事さである。墨痕淋漓というのだろうか、まるで習字の手本が街にあふれているみたいだ。街角でバスを待っているときなど、看板に見とれて無意識に目で運筆を追っていることがある。

私事にわたるが、一九九五年、わたしは北京に一年間滞在した。市内のある大学の宿舎に住んでいたが、その宿舎の看板は啓功《けいこう》の筆であった。

啓功は一九一二年生まれの満州族。姓は愛新覚羅《アイシンギョロ》。中国では書家として著名な人である。こういう看板にも書くんだな、とそのときは思った。ところが、しばらく宿舎に住んでいるうち、学内のあちこちに啓功の書が掲げられているのを発見し、今度はいやに多いなと思いはじめた。そのうち中国の学生から、啓功がその大学の教員であり、今も学内に住んでいると教えられ、とても驚いた。意識して見ると、学内だけでなく街の料理屋など、啓功書の看板はけっこう多かった（図1参

❶啓功筆。2009年11月17日。北京の琉璃廠にて

照)。そのことを中国の学生にいったら、あの方は頼めばただで書いてくれるという噂だと真顔で答えた。北京の思い出は数多いけれど、朝な夕な見上げた宿舎の看板の、端正な楷書の文字は、今も懐かしく目に浮かぶ。中国では、有名な書家の作品が暮らしの中に自然に溶けこんでいる。そのことがとても新鮮に感じられた。

字は教養を表す

一九九八年の夏に北京へ行った折、王府井《ワンフーチン》で玉《ぎょく》などの土産物を売る店の店員さんとおしゃべりをした。三十代前半の彼女は習字が好きで、家でもよく練習するという。上達の方法をたずねると、カウンターの上で運筆のこつを紙に図解し、熱心に教えてくれた。彼女は今、家で小学生の息子に手ほどきしていて、手本は習字の道具の品数が豊富な琉璃廠《リウリーチャン》に捜しにいくのだそうだ。

書に関する諺をたずねたら、少し考えて「字好一半文　字さえうまければなかばは教養人」というのを教えてくれた。字は人の教養を表すとされ、達筆だと尊敬されるのだ。

この店員さんに限らず、毛筆に一家言を持つ人は多い。よほどの腕がなければ、たとえ小学校でも習字を教えられないという話を聞いたことがある。父兄から文句が出るのだそうだ。一般の父兄の書に対する関心の高さと鑑賞眼はさすがなものだと思う。

しかし、一方で一度も習字教育を受けたことがないという中国人もけっこう多い。

中国の教育は、地方によっても、また重点学校か否かなど学校の性質によっても異なる。現在でも全国の学校で一律に習字を教えるわけではないようだ。

例えば、東北地方の吉林省から日本に来た中年の男性Yさんは、大学出のインテリで、日本の大学で教えている。しかし、母国の学校で習字の授業を受けたことがないという。

Yさんは子どもを日本の小学校に通わせているが、授業参観日に教室の壁一面にずらりと貼られた習字の作品を見て、とても新鮮に感じたという。

中国の教育は厳しい競争原理で貫かれている。習字や作文など生徒の作品を展示する場合、貼り出されるのは上位数名に限られる。わたしたち日本人にとって、教室にずらりと並ぶ習字の作品は見慣れた光景である。でも、あの光景は中国の学校では決して見られないものなのだ。

Yさんに習字の授業がなかった理由をたずねると、「経済的な問題です。みなが揃って筆や紙を買える環境ではありませんでした」という。でも、「小さいころから家で習字を教えてもらえる同級生もいて、そういう友達は中学に上がるころにはすばらしくうまくなっています。たとえ自分が習いはじめたとしても、とても追いつけないなという気がしました」とのこと。話しながらYさんはちょっと残念そうな表情を見せた。

日本の学校での習字教育は全国どこでも同じようなものだ。しかし、中国では必ずしもそうではない。同じ中国人でも、人によって習字の経験が大きく異なる。さらには、同じ習字教育といっても、日本と中国とではイメージがずいぶん違うということは知っておくべきだろうと思う。

書と道徳

中国で書道という言葉は一般的でない。書道ではなく書法という。

書道の「道」からは道徳とか人の道とかいった精神論が連想される。日本人は何にでも道という字をつけ、精神化するのが好きだ。例えば、茶道、柔道、華道など。これに対し、「書法」の「法」は単に方法で、精神論的色彩は薄いような感じがする。

しかし、実際には心の持ち方を重視した諺が多く、一般的にもよく知られている。例えば「字如其人　字は人なり」や「心正筆正　心正しければ運筆定まる」「心正筆直字有神　心正しければ運筆定まり、字神韻を生ず」という諺は知っている人が多い。字は鏡のように人格を映す、精神と書は切り離せないというのだ。

中国には、一人の人の書体を習えば、その人の品性が学習者の人格に影響を与えるという考え方がある。卑劣な人間の書は品下るとされ、「品格不高、落墨無徳　人格低劣だと字にも表れる」（湖北）といった諺もある。こういうものを習ってはいけないのだ。

唐代の柳公権《りゅうこうけん》は、穆宗《ぼくそう》皇帝に運筆の秘訣を問われ「心正則筆正（心正しければ運筆定まる）」と答えて、暗に精神修養を皇帝に勧めたという。

柳公権の書は柳体《りゅうたい》と呼ばれる。小学生のとき、初めて習った楷書の手本が柳体だったという中国人は現代でも多い。柳体の端正で上品な趣きは、書の基礎としても徳育教育の一環としても、子どもの教育にぴったりなのだろう。柳体の初等教育においてのポピュラーさと精神主義的な諺の普及は、おそらくつながりがあると思う。

しかしそうはいっても、書法と道徳はしょせん別物だ。

例えば、宋代に趙孟頫《ちょうもうふ》という書家がいた。趙孟頫は宋の皇族の一員なのに節を曲げ、異民族の元に仕えたというかどで、とかく評判の悪い人物である。

しかし趙孟頫の書は大流行した。趙孟頫の書には媚《こび》が見られるから習うべきではないと攻撃した儒者もいる。しかし、あまり効果はなかったようだ。

なぜなら、書の名人を数え上げる諺がいくつもあり、これに現在も趙孟頫は名を連ねているからだ。

例えば「顔、柳、欧、趙、書法皆高　顔真卿《がんしんけい》、柳公権、欧陽詢《おうようじゅん》、趙孟頫はみんな能筆」（河北）や、「顔、柳、欧、蘇、趙、書祖後人效　顔真卿、柳公権、欧陽詢、蘇軾《そしょく》、趙孟頫。祖師たちの書はみんなの手本」（湖北）など。他には二王（王羲之《おうぎし》、王献之《おうけんし》）や八大山人の名も見える。趙孟頫は忠臣として名高い顔真卿や道徳家の柳公権と並び称され、尊崇を受けているのである。

なんだかんだいってもいいものはいい、という中国人の本音が、諺から聞こえてくるような気がする。

弘法は筆を選ばず

日本でよく知られる書道の諺といえば「弘法は筆を選ばず」であろう。中国でこれにあたる諺はあるだろうか。何人もの中国人に聞いてみたが、誰も知らない。

諺辞典で探してみたら「善者不択筆　能筆家は筆を選ばず」という諺が見つかった。そこで今度は、この諺を知っているかどうか中国人に聞いてみた。やはり誰も知らない。すでに死語なのだろう。

むしろ「良い筆はすごく大切だという話はよく聞きますけど」と答えた人が多かった。

事実上、中国には「弘法は筆を選ばず」にあたる諺はないようだ。でも、それならこの「能筆家は筆を選ばず」は、どのような位置づけの諺だったのだろう。我が「弘法は筆を選ばず」との関連で、死語とはいえ気になって調べてみた。

この諺がどのくらい古い時代まで遡れるかはわからない。ただ、宋代の陳師道『後山談叢《こうざんだんそう》』に「善者不択紙筆、妙在心手、不在物也（能筆家は紙筆を選ばず。肝要なるは心と手、物にあらず）」という形で見える。

「肝要なるは心と手、紙筆にあらず」——こういう文脈で使われるとすれば「能筆家は筆を選ばず」は、例の精神主義の系列にあてはまる諺ではないだろうか。それなら、「筆を選ばず」は紙筆などどうでもいいという意味ではない。そうではなくて、「大事なのは心」であることを強調するために、紙筆が比較の対象とされているのだ。たとえば「人は顔より心」といっても、顔が大事でないわけがないのと似ている。

一方、「弘法は筆を選ばず」が問題にするのは腕前である。腕前があれば道具の欠点は克服できるというのである。道具に頼らないという点は中国に似ている。しかし、心の問題には触れられていない。つまり「弘法は筆を選ばず」という諺は、心と書は一体という中国の書の精神主義とはまったく別のものである。

習字の練習

中国の小学生は国語の勉強がとても大変だ。覚えなければいけない漢字の数は、六年間で約二千五百字。日本は約千字だから、およそ二・五倍である。

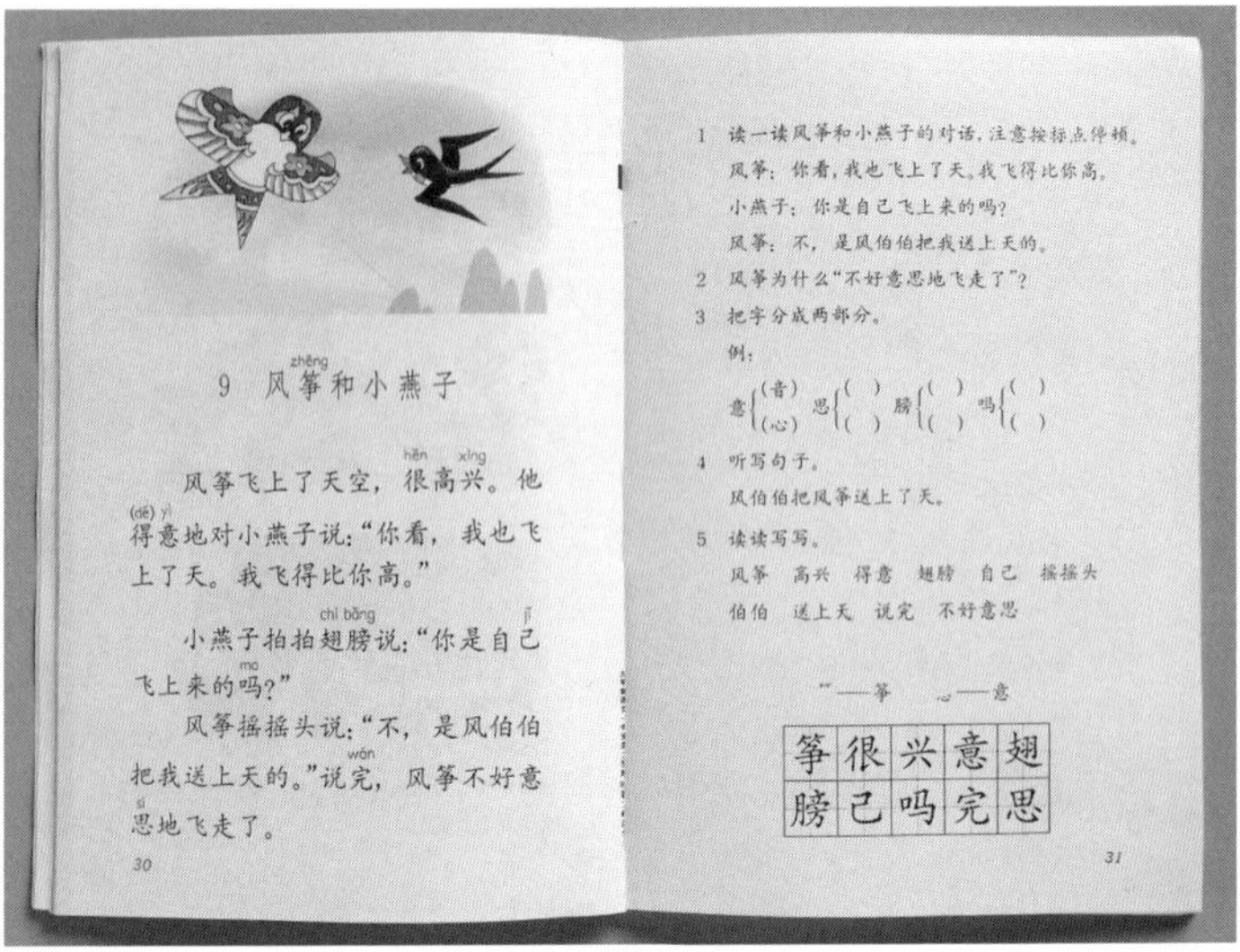

筝	很	兴	意	翅
膀	己	吗	完	思

❷小学校の国語教科書『語文』。新出漢字は、字形を理解するため田字格の中に示される（1年生2学期用、上海教育出版社、1995年11月第3版、1997年第7次印刷）

字そのものも難しい。例えば「勝つ」という意味の「赢《イン》」という字は、教科書によっては三年生で出てくる。

習った漢字は「田」の字の形に罫の入ったノート「田字格本」に形を整えながら練習してい

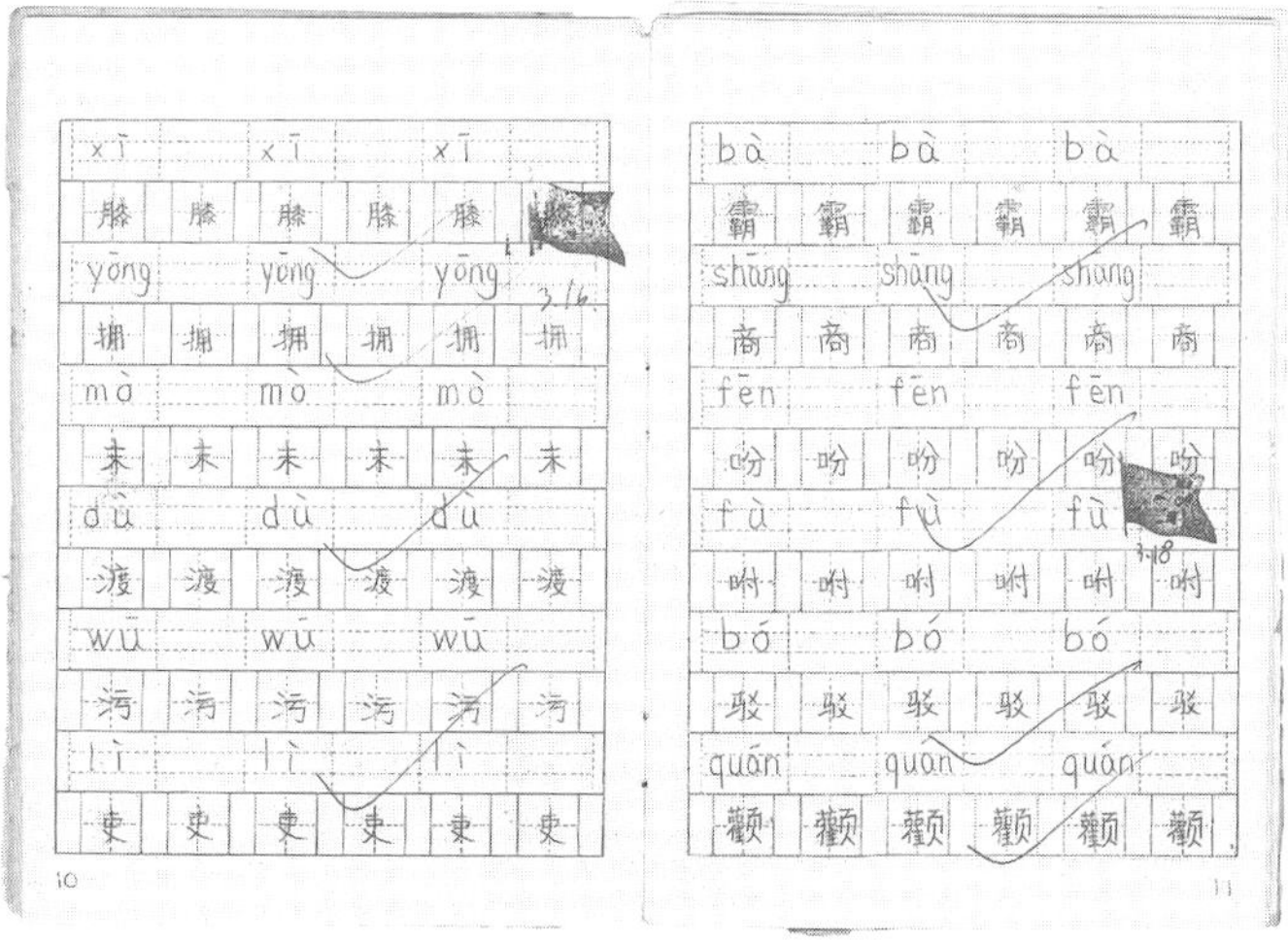

❸杉本あゆ子さんの新出漢字ノート（「生字本」）。あゆ子さんは1970年生まれ。79年4月から81年8月まで家族と北京に滞在。その間、海淀区の西頤小学に通学した。ここに掲げたのは3年1組当時のもの

く（図2、3参照）。そして二年生からいよいよ習字の授業が始まる。

家庭や小学校で毛筆を習った経験のある人に聞くと、誰もが口にする諺は「字不可重筆　字は二度書きするな」である。字を書くときは一回勝負、もしうまくいかなくても書き足してはいけない、書き足せば書き足すほどみっともなくなるという意味である。この教えは書の鉄則らしく、ほかにも同じ意味で違う言い方の諺がたくさんある。

例えば「字是黒狗、越改越醜　字は黒犬の絵のようなもの。塗れば塗るほどだめになる」「字是白猫、不能胡描　字は白猫の絵のようなもの。やたらに塗ってはだめ」（山西）など。

❹杉本竜介さんの描紅練習帳（「紅模字」）。竜介さんは上記杉本あゆ子さんの弟。1973年生まれ。同じく西頤小学に通学した。ここに掲げたのは2年3組当時のもの

この諺は、いわゆる描紅《ミャオホン》と関係があると思われる。描紅とは、毛筆を初めて持つ小学校低学年の子どもたちの習字の練習法である。ノートに赤い字で手本の字が印刷してあり、子どもはその上を赤字と同じ形になるよう筆でなぞっていく（図4参照）。

友人に天津で一九六〇年代に小学校時代を過ごしたGさんという女性がいる。Gさんによると、印刷の赤字そっくりに一筆でなぞるのはけっこう難しいのだそうだ。いくら工夫しても、どうしても赤い部分が残ってしまう。するとついもう一筆重ねたくなる。ところが、書き足してうまく見せようとしても、紙の裏から見ると墨のにじみ具合でわかってしまい、結局先生から注意されるのだそうだ。

描紅の段階が終わると、今度は法帖《ほうじょう》（習字の手本）を紙の下に敷いて上から形をなぞったり、法帖を見ながら「米字格本」という米印形の罫の入ったノートに臨書したりする（図5、6、7参

照）。米印形の罫は字形が目測しやすいように引かれたものだ。

一般的に中国人は字がうまい。たとえ高校生の字でも、骨格が正しく、一種の構成美を持っていることが多い。この構成美は、田字格や米字格を使った字形の目測の練習により、自然に身についていくのだと思われる。

ところで、描紅から始まる習字の練習方法は、昨日や今日始まったものではない。

例えば『清俗紀聞《しんぞくきぶん》』（中川忠英著）という書物がある。これは、清朝の乾隆時代（一七三六〜九五）

❺米字格本（「大楷簿」）。ひとますは 4 センチ四方。紙の下に法帖を敷いて写す方法と、横に置いて臨書する方法がある

❻字格入りの法帖（『庹氏回米格標準字帖 欧体楷書結構 100 法』四川辞書出版社、1997 年 7 月第 6 次印刷）

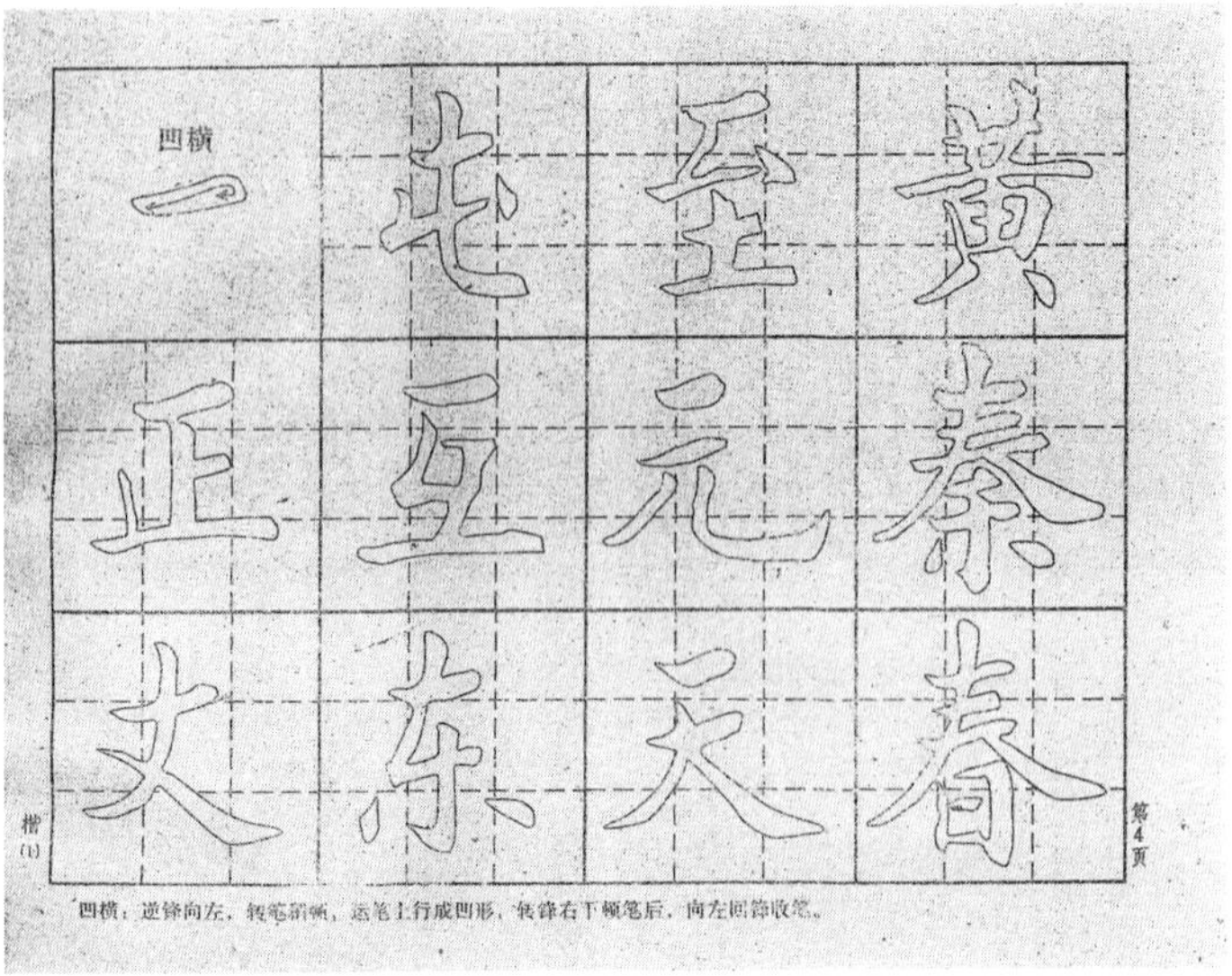

❼墨ではなく水で繰り返し書く法帖（『精制倣宣水写描紅字帖』）

の福建、浙江、江蘇、つまり中国南方の風俗文物について、長崎の官吏が渡来した清国商人より聞き取った記録である。この中に習字に関する記述が見える。

それによると、子どもが閭学《りょがく》、つまり塾で習字を習いはじめるときは、「上大人、孔乙己、……」からなる十七字から始めるのが通例で、練習の方法は「先生、朱にて書き与うれば、書生、墨にて塡写《てんしゃ》す」であるという。これは描紅であろう。

この後に描紅と臨書を併用した練習を積み、その上で『千字文《せんじもん》』や法帖を習う。そして法帖を習うときは「油紙を覆い、透け写しに習う」という。油紙ではないが、Gさんが紙の下に法帖を置いて写したというのは、この方法であろう。

このように見てくると、中国の小学校の習字教育の方法は、昔の私塾とあまり変わらない。変わったのは法帖の種類と、描紅の朱文字が印刷になったことくらいではなかろうか。

コノテガシワの芽

ところで、習字といえば大事なのは字だけではない。字を書く姿勢や筆の持ち方などを厳しく注意されたという人が多い。諺としては、以下のようなものがある。

「頭身紙要正、肩膝定要平　頭とからだと紙の位置は正しく。肩と膝は水平に」（河北）「筆桿対鼻尖、虎口能擱蛋　筆はからだの中心にまっすぐ構え、手のひらに卵が一つ入るように」（湖南）など。

これらは一般的な注意であり、毛筆を持ったことのある人なら、誰もがこういった指導をされているといっても過言ではないようだ。

墨をするときの注意もある。Gさんは「墨は軽く、ゆるゆると、手首をリラックスさせてすりなさい。筆を持つ前の準備運動だよ」と教わったという。墨をすることに関しては「軽研墨、重写字墨は軽くすり、字は力をこめて書く」（山西）という諺がある。墨は軽く、気長にすったほうが発色が良いからであろう。

しかし、墨を根気よくするのはつらいものだ。わたし自身、小学生のころ墨をするのは苦手であった。家で手ほどきしてくれた父に「墨とはこれから書く字の構想を練りながら心静かにするものだ」などといわれると、ますます嫌気がさした記憶がある。

中国の小学生も、こういう点は同じらしい。北京で一九六〇年代に小学校時代を過ごした女性、Kさんは、墨に早く粘りを出すため、校門横のコノテガシワ（側柏《ツォーパイ》）の芽を摘んですり入れるのが同級生の間ではやったと教えてくれた。

これを聞いて、とても懐かしい気がした。わたしはKさんと同年代であるが、わたしも小学生時代、友だちからの情報で、墨にツタの芽を入れていたのである。

みずがめの水

一九九八年の夏、北京の王府井で会った店員さんが教えてくれた諺の一つに、「拳要常打、字要

常練　拳法と書は毎日の練習が大事」がある。日々の修練の大切さを説く諺だ。

書の修練を教える話として日本で知られるのは、小野道風《おののとうふう》とカエルの話であろう。道風は、柳の枝に飛びつこうとするカエルの姿を見て、書の道に精進することを誓ったという。この話は、花札の絵にもなっているから知る人が多いだろう。わたし自身は、これを習字の時間に教わった記憶がある。

それなら中国人はどんな話を知っているのだろう。前記のGさんにたずねると、そういえば小学校の習字の時間に、先生から「かめ三杯の水」の話を聞かされたといって、こんな話を教えてくれた。

柳公権が書の上達の秘訣を師に問うた。すると師は「かめ三杯の水」と答えた。柳公権はこの謎を考え、「かめ三杯の水が墨をすってなくなってしまうほど修練を積めば書は上達する」という教えだと悟り、さらに修練を積んで立派な書家になったという。

Gさんが小学生のときに習ったのは柳体ということであるが、単に法帖とのかかわりでこの話が出てきたというのではなさそうだ。Gさんによると、この話は一般的に知る人が多いという。

例えば、柳公権の生地、陝西省耀県《ようけん》にはこんな伝説がある。

柳公権は幼いころから字がうまく、まわりにほめられて得意になった。もう、いっぱしの書家になったつもりで「会写鳳飛家、敢在人前誇（「鳳」と「飛」と「家」の字が書ければもう一人前）」と書き、おぼろ豆腐売りの老人に見せた。

ところが、老人はこの字を見ると、「この字はおぼろ豆腐といっしょだな。骨がない」とけなした。柳公権が教えを乞うと、おぼろ豆腐売りは華原《かげん》の町に住む、足で字を書く老人のことを教えてくれた。

つぎの日、柳公権は華原の町の老人を訪ねた。この老人は両腕がない。しかし、右足の指に筆をはさんですばらしい字を書いた。柳公権は老人を師と仰ぎ、書の秘訣をたずねた。

老人は柳公権に一首の詩を贈った。「写尽八缸水、硯染澇池黒、博取百家示、始得竜鳳飛（みずがめ八つの水を書きつくし、硯を洗って池の水を真っ黒にし、人の長所を学びつくして、はじめて生き生きとした字が書ける）」。柳公権はこの教えを受け、努力して後に偉い書家になったという。

ここでおぼろ豆腐と訳した豆腐脳《トウフナオ》は、豆乳に凝固剤を混ぜ、完全に固まる前に取り出して柔らかい状態で食べる中国の伝統的な軽食である。またの名を水豆腐《シュイトウフ》ともいい、柔らかい食べ物の代表である。豆腐脳のように骨がないといわれたのでは、柳公権も立場がなかったであろう。

習字の修練の話の中には、字を繰り返し練習する象徴として、よくかめの水が出てくる。この話の中では、柳公権は八つのかめの水を習字で使いつくすよう諭される。また、王羲之の息子の王献之が、父から十八のかめの水を使いつくして練習するよう命じられたという伝説もある。みずがめの数は三、八、十八と話によって変わるが、いずれも大量の水であることに変わりはない。

また、王羲之その人の修練も水とかかわりがある。両腕のない老人が柳公権に贈った詩に「硯を洗って池の水を真っ黒に」という一句があるが、池が墨で黒く染まる話は王羲之にまつわる伝説であることが多い。王羲之は毎日字を練習した。毎日筆と硯を庭の池で洗ったので、池の水がまっ黒になったという。この墨池《ぼくち》の伝説は有名で、これが王羲之の墨池だという池は中国各地に分布する。中国人は書の修練について、水の量で説明するのが好きなようだ。

このことは諺にも反映している。例えば「磨墨三缸水、方有一点成　みずがめ三つ墨をすれば、やっとなんとかさまになる」「筆成塚、墨成池、不及羲之及献之　筆の山と墨の池を築けば、王羲之は無理でも王献之にはなれる」（湖南）などという諺がある。

上に挙げた柳公権の話で、柳公権がおぼろ豆腐売りの老人に示した書にある「鳳」「飛」「家」の三字は、中国人が書きにくいと感じる難字である。難字の諺は数多い。

例えば「学会風飛気、世上無難字　「風」と「飛」と「気（氣）」の字が書ければ、世に難しい字はない」（山西）や、「写字不要誇、写写風飛気之家　字がうまいなんて自慢してもだめ。「風」と「飛」と「気（氣）」と「之」と「家」の字を書いてごらん」（河北）など。

総合すると、難しい字とされるのは「鳳」「風」「飛」「気（氣）」「之」「家」の六字である。書の腕前を判定しようとするなら、これらの字を書かせればいい、という考えがあるらしい。

柳公権は慢心し、あえてこの難字にいどんだわけである。また、両腕のない老人が柳公権に与えた詩に「鳳」と「飛」が詠みこまれているのは、やはりこの諺を踏まえているからであろう。

書を学ぶ人々

こうしてみると、書の修練の話は中国人の感性や生活に深く根ざしているということがわかる。多くの人々が真剣に書を学ぶ過程で生まれた諺や伝説が結びつき、一つの話を構成しているのである。

中国の官吏登用試験、科挙は、たとえ文章が良くても字がまずいと決して合格しなかったという。多くの文人が、子どものころから気が遠くなるほどの時間と精力を傾け、書を学んだであろう。それらの人々の脳裏には、常に書聖王羲之をはじめ歴代の書家の姿が去来したに違いない。

中国の書に関する諺や書家たちの伝説は、そんな人々が生み出し、今に伝えてきたものである。遠い隣国のことなど関係ないと思う人がいるかもしれない。また、自分はパソコンしか使わないから興味がないという人もいるかもしれない。

でも、わたしたちが常日頃使っているパソコンのワープロソフトの明朝体だって、書から生まれたものだ。これは、もとはといえば中国の木版印刷の書体であり、その昔版下を書いた中国の無名の書家たちが先人の書を学び、読みやすい書体として創り出してきたものなのだ。

最も先端的に見えるものが最も古い伝統を背負っているということを思うとき、改めて文字の美を感じ取る力は大切だと思う。なぜなら、美を感じることがなければ、新たな美を創り出すことは不可能であろうから。そして、それはわたしたちの文化の衰退につながるであろうから。

《付記》

この稿を書きあげた後、知り合いの中国人が、手紙で以下の諺を教えてくれた。

1から10は上海の三十代の教員Kさん(男性)から、11から13は湖北省の六十代の退職した大学教員Rさん(男性)から寄せられたものである。感謝し、ここに付記させていただく。なおKさんとRさん自身の注記は、＊で示した。

1　字是黒狗、越描越醜　字は黒犬の絵のようなもの。塗れば塗るほどだめになる

2　字無百日工　百日練習したぐらいじゃ、字はうまくならない

＊2は、練習は継続が大事、継続すれば必ず進歩するという意味。

3 字不可重筆、話不可乱転　字は二度書きするな。話は言いふらすな

4 字怕重、人怕窮　字は二度書きを嫌い、人は貧乏を嫌う

5 字怕習、馬怕騎　字は練習が肝腎、馬は乗ることが肝腎

6 字要習、馬要騎、勤労自己不愁衣食　字は習うべし、馬は乗るべし、働く者に衣食の愁いなかるべし

7 字要習、馬要騎、算盤要撥拉、拳頭要踢打　字は習うべし、馬は乗るべし、そろばんははじくべし、拳法は打ち合うべし

＊5、6、7の三つは、修練を積むことの大事さをいう。

8 字是門楼書是屋　読書人、文字は表札、読書は柱

9 字是読書人的招牌　字は読書人の表看板

＊8、9の二つは、字の巧拙は人の教養を表すので重要だという意味。

10 筆勤能使手快、多練能使手巧　字はまめに書けば速くなり、たくさん書けばうまくなる

11 人怕笑、字怕吊　人は笑われるのが恐い。字は貼られるのが恐い

＊11は、字の巧拙は壁に貼って見るとよくわかるという意味。

12 写字如繍花　字は刺繍と同じ。ていねいに書かなくてはだめ

13 飯要一口一口喫、字要一筆一筆写　ご飯は一口一口ゆっくりと、字は一筆一筆ていねいに

付録

中国ことわざブックリスト

本リストでは、中国の漢語の諺、歇後語、俗語、成語等について記述した中国書と和書を紹介する。対象は漢族の諺、歇後語、俗語、成語等のみとし、モンゴルやチベット等少数民族に関する文献は取り上げない。

【中国書】

中国では、漢族の諺、歇後語、俗語、成語等に関する文献は数多く出版され、枚挙にいとまがないほどだ。幸い、温端政・周薦『二十世紀的漢語俗語研究』〈二十世紀中国語言学叢書〉一九九九、書海出版社）はこの方面の専著で、漢代から現在に至る研究史を収め、主要な文献を系統的に紹介している。

そこで、中国書についての詳細は本書に譲り、以下では筆者が使用した中国書のみを挙げる。これらはいずれも筆者が偶然入手したものである。このうち、『老俗話裏的是和非』『中国諺語集成』は、『二十世紀的漢語俗語研究』に取り上げられていない。

本書執筆にあたり、各語の文献上の用例については『古今俗語集成』や『中国俗語大辞典』を、文化的背景については『中華諺語志』を、大陸での分布状況については『中国諺語集成』を参照することが多かった。

『古謡諺』〈全一〇〇巻〉［清］杜文瀾

先秦から明代までの「謡諺」（歌謡、諺）三六〇〇余りを収録。本書には、諺の冒頭の漢字の日本語音から目当ての諺を引くことのできる『古謡諺初句索引』（中津浜渉、一九八二、彙文堂書店）がある。この索引は、『古謡諺』（一九七二、世界書局〔台北〕）に基づく。

『老俗話裏的是和非』天津人民出版社、一九六五、天津人民出版社

諺や成語二一を取り上げた政治宣伝読み物。言葉に含まれた旧思想を批判している。同種の読み物に、文化大革命時期に各地で出版された宣伝小冊子『反動諺語選批』（一九七六）がある。同じく数十の諺を取り上げているが、地方によって挙げられた諺は異なる。両者とも、中国社会でよく使われる諺を示す資料といえる。

『常用俗語手冊』徐宗才・応俊玲、一九八五、北京語言学院出版社

俗語（諺、慣用語）一一五〇を収録。中国語学習者のための参考書。

『歇後語大全』〈全四巻〉中国民間文芸出版社資料室・北京大学中文系資料室、一九八七、中国民間文芸出版社

歇後語六万余りを収録。説明は付されていない。

『古今俗語集成』〈全六巻〉王樹山・尚恒元・申文元、一九八九、山西人民出版社

約三万の俗語（諺、歇後語、慣用語）を収録。新旧の文献に含まれる俗語の出典と用例を抽出し、文献単位で時代順に並べたもの。対象は、『左伝』等の古典から、老舎等現代作家の作品にまで及ぶ。

『中国俗語大辞典』温端政・王樹山・沈慧雲、一九八九、上海辞書出版社

俗語（諺、歇後語、慣用語）約一万五〇〇〇を収録。俗語の別バージョンも、多く挙げられている。

『中華諺語志』〈全一一巻〉朱介凡、一九八九、商務印書館〔台北〕

諺語（少量の歇後語、歌謡等を含む）五万二〇〇〇余りを収録。人生、社会、行業、芸文、自然に分類されている。それぞれの諺の文化的背景について、多くの説明が付されている。著者には『中国諺語論』（一九六四、新興書局）『中国謡俗論叢』（一九八四、聯経出版）など、諺に関する一連の著作がある。

『中国諺語集成』〈吉林巻、内蒙古巻、陝西巻、山西巻、天津巻、河北巻、河南巻、安徽巻、上海巻、浙江巻、江西巻、湖南巻、湖北巻、四川巻、広東巻、福建巻、貴州巻、雲南巻、寧夏回族自治区巻、海南巻、青海巻、西蔵巻〉中国民間文学集成全国編輯委員会・中国民間文学集成各巻の編輯委員会、中国ISBN中心（出版年は各巻で異なる）

各巻とも二万前後の諺を収録。方言等に簡単な語注があるのみで、説明は付されていない。一九八〇年代から九〇年代にかけ、国家事業として行われた民間文学（諺、故事、歌謡等）蒐集の成果の、諺に関する省単位のダイジェスト版。一例を挙げれば、既刊の山西巻「凡例」によると、同省では、蒐集された約一五万の諺から二万余りを選んだという。大陸の諺を知るための基本資料。全三一巻を刊行の予定だが、二〇〇八年現在未完結。

『漢語成語詞典』魯歌・陸永俊・孫玉溱、一九八四、内蒙古人民出版社

五四〇〇余りの成語を収録。

【和書】

日本で中国の諺が取り上げられた歴史は古く、「唐話」（今でいう「中国語」）学習と密接なかかわりがあった。江戸期享保年間（一七一六～一七三六）に刊行された唐話教科書、岡嶋冠山の『唐話纂要』（『唐話辞書類集6』古典研究会・長澤規矩也、一九七二、汲古書院所収）には、「常言」として諺（少量の四字成語も含む）一四〇余りが挙げられている。

ただ、もっぱら諺、歇後語などを取り上げた単行本が出版されるのは、時代が下り、大正期に入ってからのようだ。この方面について網羅したリストは存在しないと思われるので、以下では、大正期から現在に至るまでに出版された文献を管見した限り挙げる。取り上げる基準はつぎの通り。

1．文献は、戦前と戦後に分けた。戦前に出版されたものは、多くがことわざ研究会の『ことわざ資料叢書』、波

多野太郎の『中国文学語学資料集成』等に収録されているので、これらに拠ることにする。

2．戦前に出版されたものは、資料的な意味あいが強いので、わかる範囲で著者に関する情報を記した。

3．戦後に出されたものは数が多く、内容も雑多である。研究書と並び、一冊の書物に中国語の語句、四字成語、諺、歇後語等を包括的に取り上げた教養読み物が多い。そこで、戦後については「辞典・研究書」、「学習書・読み物」に分けた。この分類は、あくまで便宜的なものである。

4．古典中の故事名言、詩句、成語を取り上げた文献は、数多く出されている。これらは網羅する必要はないと考えられるので、取捨選択を加えた。タイトルから内容を推測できる場合が多いため、必要と思われるもの以外は解題を省いた。

◆戦前に出されたもの

『日台俚諺詳解』片山巌、一九一三、台南地方法院検察局内台湾語研究会〔台南〕

日本の諺に対応する閩南語の「俚諺」七九〇、閩南語の「俚諺」に対応する日本語の諺四〇〇余りを収めたもの。諺だけでなく、四字成語、歇後語、俗語等も含む。『ことわざ資料叢書12』(ことわざ研究会、二〇〇二、クレス出版)、『中国文学語学資料集成2-1』(波多野太郎、一九八八、不二出版)に全文を、『台湾風俗誌』(片山巌、一九二一、台湾日々新報社)に主要部分を収録。片山巌は、台南地方法院通訳。

『台湾俚諺集覧』台湾総督府、一九一四、台湾総督府〔台北〕

台湾の「本島人中、泉州語、漳州語を使用するもの」が用いる「俚諺四三〇〇余」に説明を付したもの。「序」と「凡例」によると、編集は台湾総督府学務部「編修書記平沢平七」。一九九一年、南天書局〔台北〕の復刻版がある。『続ことわざ研究資料集成16』(ことわざ研究会、一九九六、大空社)にも収録。

『〈北京官話〉俗諺集解』鈴江万太郎・下永憲次、一九二五、大阪屋号書店

諺、四字成語七〇三に説明を付したもの。『続ことわざ研究資料集成15』（ことわざ研究会、一九九六、大空社）に収録。六角恒広『中国語書誌』によれば、鈴江は「東京外国語学校蒙古語学科の陸軍委託選科を大正六年（一九一七）三月修了で当時陸軍歩兵大尉」、下永は「東京外国語学校支那語学科の陸軍委託選科を大正七年（一九一八）三月修了で当時陸軍歩兵中尉」という。

『北京俗語児典』下永憲次、一九二六、偕行社

北京の諺二一〇〇余りに説明と用例を付したもの。『中国語学資料叢刊白話研究編1』（波多野太郎、一九八四、不二出版）に収録。同巻には『満州国礼俗調査彙編』（一九三六、満州国文教部礼教司）も収録。その六章「俚謡」には、諺や歇後語が見える。

『支那諧謔語研究』河野通一、一九二五、燕塵社（北京）

歇後語一三〇〇に用例を付したもの。『中国語学資料叢刊白話研究編1』（波多野太郎、一九八四、不二出版）に収録。著者は満鉄職員。大正十四年（一九二五）に北京留学を命ぜられ、言葉に興味を持ったという。

『〈弘報資料94〉俚諺ヨリ観タル満支民衆ノ社会相』高遵義、一九四〇、南満州鉄道総裁室弘報課（大連）

諺を通じた「満州国」の宣伝資料。『ことわざ資料叢書3-10』（ことわざ研究会、二〇〇五、クレス出版）に収録。

『支那常用俗諺集』田島泰平・王石子、一九四一、文求堂書店

諺、成語七三〇に説明を付したもの。田島泰平については不明。田島の「まへがき」によると、北京滞在中、俗諺の知識の必要性を痛感して、蒐集を始めたという。王石子は大阪外国語学校教授で、田島の友人らしい。『続ことわざ研究資料集成15』（ことわざ研究会、一九九六、大空社）、『中国語学資料叢刊白話研究編2』（波多野太郎、一九八四、不二出版）に収録。

『現代実用支那語講座12 俗諺篇（歇後語）』田島泰平、一九四一、文求堂書店
歇後語約三六〇に説明を付したもの。「例言」によると、北京を中心として用いられるという。「俗諺篇」と銘打つが、諺は含まれない。「例言」によると、『支那常用俗諺集』の姉妹編。『ことわざ資料叢書2-10』（ことわざ研究会、二〇〇三、クレス出版）に収録。同巻には、他に「俚諺に現れた台湾及支那の家族生活」（山中彰二〔＝陳紹馨〕、一九四五）、「台南の俚諺」（廖漢臣、一九四二）等四編も収録。
『支那諧謔語彙』河野通一、一九四二、満州日々新聞社・大連日々新聞社〔大連〕
歇後語三六〇余りに説明と用例を付したもの。河野によると、一九二六年に『北京日報』、一九三四年に『山東新報』に連載した五〇〇余句から選んだという。
『支那農業気象俚諺集』東亜研究所、一九四三、東亜研究所
『中国気象諺語集』（国立中山大学理工学院、一九三三、国立中山大学出版部）の翻訳。気象に関する諺九〇〇余りに説明を加えてある。一九八四年、東亜研究資料刊行会から「東亜研究所資料叢書2」として復刻版が出ている。

◆戦後に出されたもの

〈辞典・研究書〉

『歇後語彙編―中国の諧謔語』川瀬正三、一九六九、明善堂
歇後語一九〇五に説明を付したもの。
『金瓶梅しゃれことばの研究』鳥居久靖、一九七二、光生館
明代小説『金瓶梅』中の歇後語一五〇を挙げ、小説の筋に沿って説明を付したもの。
『中国故事成語辞典』〈角川小辞典〉加藤常賢・水上静夫、一九七二、角川書店

『中国古典名言辞典』諸橋徹次、一九七二、講談社
『中国のことわざ』福島寿英雄、一九七三、東亜同学会
諺、歇後語等三四二〇余りに説明を付したもの。
『中国歇後語の研究』服部隆造・鐘ヶ江信光、一九七五、風間書房
歇後語二四九三に説明を付したもの。
『中国語熟語辞典』田中清一郎、一九七七、白水社
成語二五〇〇、「四字新句」一二〇に説明を付したもの。
『中国の俗諺』田中清一郎、一九七九、白水社
諺一一五〇余りに説明を付したもの。
『中国人の洒落と諺』吉田隆、一九八三、情報資料社
約六〇〇の諺と、約二〇〇の「しゃれ」(歇後語)に、説明を付したもの。
『中国名言名句の辞典』尚学図書、一九八九、小学館
『歇後語のはなし—中国のことば遊び』〈基本中国語学双書5〉温端政著、相原茂・白井啓介訳、一九八九、光生館
歇後語の入門書。原著はなく、温端政の書き下ろし原稿に基く。
『諺語のはなし』〈基本中国語学双書7〉温端政著、高橋均・高橋由利子訳、一九九一、光生館
諺の入門書。原著はなく、温端政の書き下ろし原稿に基く。
『〈三省堂〉中国故事成語辞典』金岡照光、一九九一、三省堂
『中国成語故事大辞典』和泉新・佐藤保、一九九二、東京堂出版
『〈例解〉中国語熟語辞典』伊地智善継・王永全・小玉新次郎、一九九二、東方書店
主として四字成語約三九〇〇に説明を付したもの。

『〈新装普及版〉中国故事たとえ辞典』細田三喜夫、一九九三、東京堂出版

『中国ことわざ話題事典』松本一男・村石利夫・村山孚、一九九三、ぎょうせい

詩句、名句、四字成語、少数の諺等四〇〇余りに、説明と日本語の用例を付したもの。

『世界ことわざ大事典』柴田武・谷川俊太郎・矢川澄子、一九九五、大修館書店

各国の諺を集め、訳と説明を付したもの。中国については、漢族と少数民族の諺一六〇を収める。

『日中ことわざ辞典』金丸邦三、二〇〇〇、同学社

日本と中国の諺で、意味の似た二一〇〇組を挙げたもの。『日中ことわざ対照表』（金丸邦三・中国俗文学研究会、一九八三、燎原書店、未見）を増補したものという。

『中国語ことわざ用法辞典』金丸邦三・孫玄齢、二〇〇六、大学書林

諺一五〇に、説明と会話の用例を付したもの。

『日本の諺・中国の諺―両国の文化の違いを知る』陳力衛、二〇〇八、明治書院

中国の四字成語七〇の意味用法が、日本へ移入した後、どのように変化したかを解説したもの。

『広東語圏のことわざと文化』千島英一、二〇〇八、東方書店

広州市、香港の諺についての研究書。巻末の『広東語ことわざ資料集』には、諺七〇〇余りを収める。

〈学習書・読み物〉

『中国のことばとこころ』〈至誠堂新書〉鹿島宗二郎、一九六六、至誠堂

中国滞在記。著者が耳にした語句、諺、ざれ歌、スローガン等を記す。

『中国の故事・ことわざ』〈現代教養文庫〉蘆田孝昭、一九七〇、社会思想社

四字成語、古典の名言約一〇〇についての読み物。

『ことばから見た中国』藤江在史、一九七一、自治日報社
語句、四字成語、諺、歇後語についての読み物。
『中国人の発想80の知恵』守屋洋、一九七九、日本文芸社
諺、古典の名言八〇についての読み物。
『故事遍歴—中国成語集』飯塚朗、一九八二、時事通信社
四字成語一〇〇に説明を加えたもの。
『中国語常用成語・熟語—日常会話例文集』丁秀山、一九八三、光生館
四字成語、諺、歇後語約七〇〇に説明と用例を付したもの。
『連環画中国の故事名言』小学館・上海人民美術出版社、一九八三、小学館
『中国成語故事』〈二五冊〉上海人民出版社）から成語一六〇余りを選び、翻訳したもの。
『中国スラングおもしろ百科』丁秀山、一九八四、東方書店
語句、諺、歇後語等についての読み物。
『諺と漢民族—中国故事成語例解』〈上・下〉田中秀、一九八五、永和語学社
語句、四字成語一一八に説明と用例を付したもの。
『飯後百歩—新・中国スラング紀行』深沢俊太郎、一九九〇、評論社
中国語の語句や諺についての読み物。
『中国語俗諺ペチャクチャー００句』西村正邦、一九九二、中国語文学院語文研究室
諺、慣用語一〇〇に説明と用例を付したもの。
『おぼえておきたい中国語諺３００』香坂順一・施一昕、一九九三、光生館
諺三〇〇に説明を付したもの。

『台湾のことわざ』陳宗顕、一九九四、東方書店
「台湾語」の諺（格言なども含む）約七〇〇についての読み物。
『おぼえておきたい中国語歇後語３００』香坂順一・施一昕、一九九五、光生館
歇後語三〇〇に説明を付したもの。
『〈四字熟語でわかる〉中国４０００年の発想源』陸培春、一九九五、ダイヤモンド社
四字成語、名言、語句等五〇余りについての読み物。
『台湾のことわざ・台湾旅行用会話（台湾的俗語・台湾旅行要用話）』小川隆・河野瑞雪、一九九五、小川隆
「台湾語」の諺五〇〇余りに説明を付したもの。
『〈日中コミュニケーションに必須〉中国語ことわざ集』幸田圭史、二〇〇六、国際語学社
四字成語三五〇余りに説明を付したもの。
『現代中国風刺詩事情』邱奎福、二〇〇七、小学館
現代中国の風刺詩、ざれ歌（順口溜、民謡）一二〇に説明を付したもの。

ことわざ索引

・本文中で紹介した諺、歇後語、成語の原文（中国語）と訳文（日本語）を掲げた。
・中国語索引は冒頭の漢字の拼音《ピンイン》（ローマ字表記）による発音順、日本語索引は五十音順に配列した。
・本文中で一部を省略して掲げた語句については、適宜その部分を補って示した。

■中国語索引

【B】

【C】

■日本語索引

【あ】

【か】

【た】

【な】

人よりも運命《さだめ》　一五〇
一人ではけんかにならない　六三
人を害するな。人に害せられるな　六九
人を憎むのは君子じゃない。あこぎなことの一つもできなければ男じゃない　三六
百日練習したぐらいじゃ、字はうまくならない　一九三
貧乏運なら、どうころんでも貧乏。黄金を拾っても銅に変わる　八九
「風」と「飛」と「気（氣）」の字が書ければ、世に難しい字はない　一九一
夫婦は同じ林に住む鳥のよう。縁が尽きれば離ればなれ　四六
夫婦はしょせん他人の寄り添い　四六
夫婦はしょせん他人の寄り添い。縁が尽きれば離ればなれ　四六
夫婦はしょせん他人の寄り添い。災難が降りかかれば離ればなれ　四六
夫婦はしょせん他人の寄り添い。夜が明ければ離ればなれ　四六

二つ年上の女房なら金が毎日ふえ、三つ年上なら山のようにたまる　四一
筆の山と墨の池を築けば、王羲之は無理でも王献之にはなれる　一九一
筆はからだの中心にまっすぐ構え、手のひらに卵が一つ入るように　一八七
文はまねなり　一三一
へぼな大工も、三人寄れば魯班にまさる　六〇
へぼな靴屋も、三人寄れば諸葛孔明　六〇・一四七
坊さん一人で水二桶。二人になれば水一桶。三人寄れば汲みもせず　五八
坊さん一人なら水汲み万全寺も安泰、二人なら手洗い水を飲むようになり、三人なら水もなく寺は丸焼け　五九
『封神演義』を読むと嘘つきになる。『西遊記』を読むとろくなものにならない　一三三
惚れた目で見りゃ醜女も西施　四三
惚れた目で見りゃ醜女も貂蟬　四三

【ま】

貧しくとも我が故郷。醜くとも我が母　二五
町の月は田舎より明るい　一六三

あとがき

筆者の好きな諺の一つに、「天下没有不散的宴席　この世に終わらぬ宴《うたげ》はない」がある。別れは必ず訪れるという意味の諺だ。どんなに仲睦まじい夫婦でも、信じ合った友でも、最後は死によって引き裂かれる。宴は必ず終わるのだ。

どこか切ない響きを持つこの諺は、別れのつらさを慰めるときに使われる。だが、それだけではない。別れが避けられない以上、限りある人生を精いっぱい生きていこうという文脈で使われることもある。そこには、長い年月、おびただしい人々が別れのつらさを慰めたり、気持ちを切りかえたりするたびに口に上せてきた、その思いがこもっている気がする。

正直にいえば、人生の時間が長く思えていた二十代や三十代には、諺が心に響くことはなかった。でも、初老を過ぎ、幾たびか身内や友人との別れを経てからは、諺の陰翳が改めて心に沁みるようになった。百年後には、今生きている人たちは誰もいなくなるだろう。でも、冒頭の諺は今と同じように人の口に上り、心を慰めているに違いない。

本書でモデルになっていただいた方々は、お名前は記さず、「張」さんなら「T」さんというように、イニシャルで表した。モデルの方々とは、事前に執筆の承諾を得るため、可能な限り連絡を取った。意外だったのは、一人として、諺を使ったのを覚えておられる方がいなかったことだ。筆者の頭の中には、諺が使われた情景が焼きついているので、「あのとき、そんな諺を使いましたっけ？」と返されるたびに、ふしぎなような、空しいような気持ちを抱かされた。使ったことも忘れるほど、諺は日常の生活に溶けこんでいるということだろう。

記憶が自分一人のものであることに気がついてからは、諺の情景は忘れてはならないものとなった。日常の中で諺が巧みに使われたときに感じる共感。そして、すぐさま訪れる忘却。諺が、両者の無限の繰り返しの中に生きているとすれば、筆者が立ち会ったのは、諺が時代を超えて受け継がれようとする、その瞬間なのだ。それを忘れることを想像すると、自分の一部が消えてなくなるような、寂しい気持ちに襲われた。だから、一つ書き留めるごとに安堵を覚えた。書いてみたい諺はまだいくつもあるが、ひとまず本書の形にまとめることができてほっとしている。何世代にもわたって伝えられていく諺の味わいを、本書がいくらかでも伝えることができたなら幸いである。

収録した文章は、一九九七年から二〇〇一年、雑誌『月刊しにか』で五年間にわたり、「中国のことわざ」と題して連載したものを中心として、他誌に単発的に掲載したもの、新たに書き下ろしたものを加えた。今回本書としてまとめるにあたり、一部の文章に手を入れた。執筆の過程で、多くの中国の友人にご協力いただいた。また、杉本達夫先生、凌志偉さんをはじめとする多くの方々から資料やアドバイスを頂戴した。大修館書店編集部の小笠原周さんには、『月刊しにか』連載時から本書を作り上げるまでお世話になった。この場を借りて、お礼を申し上げる。

二〇〇九年十二月二十二日

千野明日香

初出一覧（掲載順）

親心――書き下ろし
ことわざの発生――書き下ろし
やさしい日本語――『そとぼり通信』五〇号、二〇〇七年三月、法政大学国文学会
二人は同じ枯れすすき――書き下ろし
ことわざ三国志――『法政』五一一号、一九九九年九月、法政大学（原題「わたしの『三国志演義』――いとしの阿斗」）
異国にありて――『日本文学誌要』六八号、二〇〇三年七月、法政大学国文学会（原題「運命の諺―上海生まれのSさんのこと」）
ある一族の没落――『日本文学誌要』六九号、二〇〇四年三月、法政大学国文学会（原題「風水の諺―上海生まれのSさんと、一安人の物語」）
悲しみの家――書き下ろし
信仰――書き下ろし
残照の人――書き下ろし
日本の女――書き下ろし
書とことわざ――『水茎』二五号、一九九八年一〇月、古筆学研究所（原題「習字の諺―中国」）

右のほかの諸篇は、『月刊しにか』に連載「中国のことわざ」として掲載（全六〇回、一九九七年四月号～二〇〇二年三月号、大修館書店）。本書収録に際して一部初出時のタイトルを改めた。

[著者略歴]
千野明日香（せんの　あすか）
法政大学文学部教授。専攻は中国口承文芸。東京都立大学大学院人文科学研究科中国文学専攻後期博士課程修了。近年の著作に「中国の昔話」（『シリーズことばの世界2―かたる』三弥井書店、2008）などがある。その他、「原阿佐緒『涙痕』考」（『法政大学文学部紀要56』2008）など近代短歌についての論考がある。

〈あじあブックス〉
中国《ちゅうごく》のことわざ

NDC388／x, 226p／19cm

初版第1刷――2010年3月10日

著者――千野《せんの》明日香《あすか》
発行者――鈴木一行
発行所――株式会社大修館書店
〒101-8466 東京都千代田区神田錦町3-24
電話03-3295-6231（販売部）03-3294-2353（編集部）
振替00190-7-40504
[出版情報] http://www.taishukan.co.jp

装丁者――下川雅敏
印刷所――壮光舎印刷
製本所――ブロケード

ISBN978-4-469-23310-0　Printed in Japan

アジアの言語・文化・歴史を見つめ直す

[あじあブックス]

001 漢詩を作る　石川忠久著　本体一六〇〇円

002 朝鮮の物語　野崎充彦著　本体一八〇〇円

009 漢詩のことば　向島成美著　本体一八〇〇円

014 キーワードで見る中国50年　中野謙二著　本体一七〇〇円

022 花と木の漢字学　寺井泰明著　本体一八〇〇円

024 中国幻想ものがたり　井波律子著　本体一七〇〇円

026 アジアの仮面——神々と人間のあいだ　廣田律子編　本体一九〇〇円

027 山の民　水辺の神々——六朝小説にもとづく民族誌　大林太良著　本体一四〇〇円

032 中国の年画——祈りと吉祥の版画　樋田直人著　本体一八〇〇円

038 中国の呪術　松本浩一著　本体一八〇〇円

040 四字熟語歴史漫筆　川越泰博著　本体一七〇〇円

044 闘蟋（とうしつ）——中国のコオロギ文化　瀬川千秋著　本体一八〇〇円

046 漂泊のヒーロー——中国武侠小説への道　岡崎由美著　本体一七〇〇円

047 中国の英雄豪傑を読む——『三国志演義』から武侠小説まで　鈴木陽一編　本体一七〇〇円

049 アジアの暦　岡田芳朗著　本体一八〇〇円

054 中国のこっくりさん——扶鸞信仰と華人社会　志賀市子著　本体一八〇〇円

058 道教の神々と祭り　野口鐵郎・田中文雄編　本体一九〇〇円

063 北京を見る読む集める　森田憲司著　本体一八〇〇円

定価＝本体＋税5％（2010年3月現在）